# ¿POLARIZADOS O PARALIZADOS?

JUAN ROCH

# ¿POLARIZADOS O PARALIZADOS?

## SURGIMIENTO Y TRANSFORMACIONES DEL MOVIMIENTO DEMOCRÁTICO

tecnos

Diseño de cubierta:
Miguel Uriarte


Valentín Beato, 21 - 28037 Madrid

PAPEL DE FIBRA
CERTIFICADA

ISBN: 978-84-309-9210-2
Depósito Legal: M-238-2025

*Printed in Spain*

# ÍNDICE


Introducción. LA SOCIEDAD PARALIZADA .................................. *Pág.* 9
1. Las enfermedades de la democracia ................................. 12
2. ¿Polarizados o paralizados? ¿Qué es la polarización? ............ 15
3. Los retos de la democracia en la sociedad paralizada ........... 18
4. Estructura del libro .................................................. 24

Capítulo 1. LOS ORÍGENES: LA DEMOCRACIA ................................ 27
1. Democracia liberal *versus* fascismo/comunismo ..................... 30
2. El Estado liberal y la democracia .................................. 32
3. El Estado liberal como antidemocracia .............................. 34
4. ¿Quiénes eran los demócratas? ....................................... 39
5. El largo siglo xix y «el programa democrático» ..................... 44
6. El siglo xx y el sufragio universal ................................ 49
7. Auge y declive del compromiso de clases ............................ 52
8. El contexto actual del movimiento democrático ...................... 56

Capítulo 2. LA OFERTA: LOS PARTIDOS POLÍTICOS .......................... 63
1. La maldición de los partidos políticos, ¿qué son y cómo funcionan? ..... 65
2. ¿Cómo y por qué surgen los partidos políticos en la época moderna? ..... 70
3. Los partidos de masas ................................................ 74
4. Burocracia y oligarquización en los partidos políticos ............. 77
5. ¿Democratización u oligarquización en los partidos? ................ 80
6. El debate dentro del socialismo democrático ........................ 81
7. La crisis de representación en las democracias liberales ........... 86
8. Los nuevos partidos en el siglo xxi ................................. 90
9. Los problemas persistentes de los partidos y la polarización . 93

Capítulo 3. LA DEMANDA: CIUDADANOS Y ESFERA PÚBLICA ........ 101
1. El surgimiento de la esfera pública liberal ........................ 103
2. Disrupción y esfera pública plebeya ................................ 107
3. Medios de comunicación y consumo de masas .......................... 112
4. Redes sociales y esfera pública digital ............................ 118
5. Movimiento democrático y esfera pública ............................ 130

Capítulo 4. TEJER LOS HILOS DEL MOVIMIENTO DEMOCRÁTICO .... 135
1. ¿Polarización o paralización? .... 138
2. Un problema de diseño: participación y deliberación .... 146
3. Democratizar la esfera pública .... 150
4. Más allá del diseño institucional: el problema del sujeto democrático .... 152
5. Una visión integrada para activar el movimiento democrático .... 155
6. Pero, ¿cómo se articulan en concreto los grupos sociales? ... 159
7. «Quiero ser, quiero ser libre» .... 164

## INTRODUCCIÓN

# LA SOCIEDAD PARALIZADA

Después de las elecciones presidenciales del año 2022 en Colombia, el escritor Mario Vargas Llosa aludió a la falta de capacidad intelectual o de criterio de los electores manifestando que los colombianos habían votado mal[1]. De forma similar, la presidenta de la Comunidad de Madrid Isabel Díaz Ayuso, en su ininterrumpida campaña contra el presidente del gobierno de España Pedro Sánchez, proclamaba en enero de 2023 que «si los españoles no despiertan y caen en la cuenta de lo que están haciéndoles, varias generaciones pagarán el precio de esa ceguera. Si la sociedad española no lo ve lo que está pasando es que somos tontos»[2]. Otros políticos y analistas serán, sin duda, más cautos al referirse a la capacidad intelectual de los votantes, pero todos ellos apelan a una racionalidad determinada que conecta —o debería conectar— con su proyecto político. Por ejemplo, Pedro Sánchez expresó en sus reflexiones posteriores a los malos resultados que obtuvo en las elecciones regionales y municipales de 2023 su confianza en que los españoles fueran mejores —moral o intelectualmente— que la derecha: «Yo creo que España es mucho mejor que todo eso»[3]. Sin embargo, el momento de la aceptación de resultados electorales no favorables para los candidatos es también un punto de arranque para captar nuevos votantes lo que implica

[1] «Vargas Llosa afirma que los colombianos "han votado mal"», artículo de *elDiario.es* del 20 de junio de 2022: https://www.eldiario.es/politica/pp-logra-mayoria-absoluta-andalucia-reacciones-directo_6_9099477_1091551.html

[2] «Ayuso afirma que los españoles son tontos si no ven lo que ella ve», artículo de *Diario 16*, 16 de enero de 2023: https://diario16.com/ayuso-afirma-que-los-espanoles-son-tontos-si-no-ven-lo-que-ella-ve/

[3] «Sánchez compara a la derecha española con Trump y arenga a su grupo parlamentario: «España es mejor que PP y Vox», artículo de *elDiario.es* del 31 de mayo del 2023: https://www.eldiario.es/politica/sanchez-compara-derecha-espanola-trump-arenga-grupo-parlamentario-espana-mejor-pp-vox_1_10255153.html

descartar que sean idiotas. Es cuando se dicen frases tales como «los españoles han elegido de forma legítima», «el voto de los españoles es sagrado», «no se puede decir que alguien ha votado mal».

Más allá de las ambigüedades propias de la contienda partidista, esta paradoja del votante idiota pero legítimo, racional pero equivocado, expresa más de lo que aparentemente parece. Se refiere a un pilar fundamental de la legitimidad de las actuales democracias liberales que es transversal a la derecha y la izquierda política, aunque con distintos matices: se podría denominar como el mito del *voto soberano y racional*. Aunque los políticos saben que existen numerosas interferencias en la decisión individual que precede al voto, deben fingir que la decisión es transparente, soberana y racional, y al mismo tiempo colocar el momento de la elección como el elemento central del proceso político. Es un mito que sirve como engranaje para facilitar la competición partidista e igualar los procesos de decisión que conducen al voto a partir de una idea de racionalidad individual incontrovertible. Aunque los condicionantes del voto en democracia han sido ampliamente estudiados desde las democracias clásicas, la sacralización del voto marca hoy en día el pensamiento dominante sobre las democracias actuales. De esta idea se desprende que los problemas fundamentales de la democracia tienen que ver con amenazas que se ciernen sobre el voto soberano, incuestionable y racional del individuo que funciona como base de la legitimidad política en nuestra sociedad. Partiendo de esta idea, politólogos y analistas en medios de comunicación se refieren a la pandemia del populismo, la amenaza de la extrema derecha, y la polarización como los desafíos fundamentales que distorsionan la voluntad genuina y racional de los ciudadanos.

En el caso de España, un país dominado por el bipartidismo hasta el año 2015 —con el antecedente de las elecciones europeas de mayo de 2014—, las tribunas mediáticas y académicas destacan una conflictividad política derivada en parte de la contienda multipartidista. En un cóctel dramático en el que se introduce la emergencia del populismo, el creciente uso de las redes sociales y la desinformación, los politólogos hablan del aumento de la polarización[4] y parece que añoran aquellos aburridos tiempos de Aznar y González. Sorprendentemente, antes de la crisis política que estalló en 2011 en España, los lamentos de los analistas se dirigían a denunciar la apatía, la indiferencia y la falta de legi-

---

[4] Véase Luis Miller (2023), *Polarizados. La política que nos divide*, Deusto, Vizcaya; Pablo Simón (2020), «The Multiple Spanish Elections of April and May 2019: The Impact of Territorial and Left-right Polarisation», *South European Society and Politics*, 25 (3-4), pp. 441-474.

timidad de las democracias para un grupo importante de ciudadanos. En un giro de guion llamativo, hoy en día el problema parece ser el exceso de implicación (emocional) de los mismos. Si el problema antes era la indiferencia ahora lo es la beligerancia excesiva, pero ¿cómo hemos podido pasar de un extremo a otro con tanta facilidad? ¿Es la polarización ideológica o afectiva el principal problema que asola nuestras democracias?

La literatura académica actual parece entender que sí y que esta es la clave de bóveda para explicar los problemas fundamentales de la democracia actual: el ascenso de la extrema derecha, la insatisfacción con la democracia, los populismos, la conflictividad social. La narrativa de la polarización, que actualmente domina las explicaciones politológicas de nuestros males[5], identifica el problema como una especie de enfermedad de exceso de afectividad del votante. El votante se ha contagiado de algún modo de esta enfermedad y hay que hacerle volver a la racionalidad. Por ejemplo, un reciente libro sobre la cuestión de Mariano Torcal[6] plantea que las megaidentidades partidistas nublan la visión racional del electorado. De este modo, las noticias falsas y los discursos populistas se han colado en las mentes de los votantes. La ontología que subyace a esta idea de polarización es la del votante soberano, aquel que obra racionalmente y juzga los costes y beneficios de su voto de manera autónoma. Esta idea base proviene de la rompedora obra de Anthony Downs *Una teoría económica de la democracia* publicada en 1957, en la que describe la política como el equivalente en su ámbito a un intercambio mercantil. En este sentido, gran parte de los análisis actuales reflexionan acerca de los «obstáculos» para que el votante soberano pueda calcular bien sus costes/beneficios ante determinadas interferencias en los flujos de información. La receta estrella para combatir la polarización es hablar de cuestiones concretas y políticas públicas y no proyectar imágenes identitarias de grupos enfrentados.

Sin embargo, cabe preguntarse, ¿qué ocurriría si la indiferencia o apatía y la polarización —o exceso de beligerancia— fueran dos caras de un mismo fenómeno? Esta es precisamente la tesis que avanza este libro que ofrece un enfoque radicalmente distinto para entender los problemas y retos fundamentales de las democracias actuales.

---

[5] Fernando Vallespín (2021), *La sociedad de la intolerancia*, Galaxia Gutenberg, Madrid; Ezra Klein (2021), *Por qué estamos polarizados*, Capitán Swing, Madrid; Lluis Orriols (2023), *Democracia de trincheras. Por qué votamos a quienes votamos*, Ediciones Península, Madrid.

[6] Mariano Torcal (2023), *De votantes a hooligans. La polarización política en España*, Catarata, Madrid.

## 1. LAS ENFERMEDADES DE LA DEMOCRACIA

En el año 2016, la Fundación del Español Urgente Fundeu BBVA eligió «populismo» como palabra del año. Fue el año en el que Donald Trump llegó a la presidencia de los Estados Unidos y en el que los británicos votaron sí al *Brexit* de forma mayoritaria, aunque por un escaso margen. Parece que ese año marcó un punto de inflexión en la historia política contemporánea y la Fundación Fundeu BBVA escogió populismo como el término clave para entender mejor lo que estaba sucediendo. ¿Cómo nos ayudaba la categoría del populismo a entender mejor estos cambios? El populismo servía para explicar que había un determinado grupo de políticos, los populistas, que habían tomado el poder o amenazaban con ello y cuyo mal (entre otros) consistía en dibujar el mundo de una manera maniquea, envilecida y capciosa. Este cambio en el estado de las cosas ponía en peligro la democracia tal como la habíamos conocido. ¿Cuál era la receta contra este nuevo mal de nuestras democracias? Debíamos combatir por todos los medios a los populistas y al populismo que por un arte extraño tendía a expandirse y colonizar también las mentes de aquellos que no parecían sospechosos en primer término. Parecía como si el populismo fuera una enfermedad vírica que se había apoderado de la democracia y la corroía poco a poco con sus síntomas. De hecho, la metáfora del populismo como enfermedad de la democracia ha sido un producto de lo más exitoso en el ámbito mediático y académico[7].

La «lucha democrática» contra el populismo en Europa occidental es, sin embargo, muy anterior al año 2016. Un punto de partida clave fue la irrupción del ultraderechista Jörg Haider en la política regional y luego nacional austriaca entre el año 1999 y el año 2000. Este hecho produjo una ola de indignación y resistencia por parte de las élites de la Unión Europea, los partidos centrales de las democracias occidentales y también una resistencia en las calles contra el primer gobierno participado por la ultraderecha en Europa occidental. Antes de la irrupción de Haider en

---

7 Véase, por ejemplo, el libro de Jan-Werder, Müller (2016), *What is populism?*, University of Pennsylvania Press, Philadelphia; Paul Taggart (2004), «Populism and Representative Politics in Contemporary Europe», *Journal of Political Ideologies*, 9 (3), pp. 269-288; o un artículo más reciente de Justo Serrano Zamora (2022), «Is populism a social pathology? The myth of immediacy and its effects», *European Journal of Social Theory*, 25(4), pp. 578-595. Desde una perspetiva diferente, otros autores han rechazado la definición meramente peyorativa de populismo y lo han entendido como un síntoma con efectos ambivalentes y variables para la democracia. Véase Tormey, S. (2018), «Populism: democracy's Pharmakon?», *Policy Studies*, 39 (3), pp. 260-273; Roch, J. (2024), «De-centring Populism: An Empirical Analysis of the Contingent Nature of Populist Discourses», *Political Studies*, 72 (1), pp. 48-66.

Austria, el populismo había sido cosa de sistemas políticos poco institucionalizados en los que, se decía vagamente, la cultura democrática y la civilidad en general estaban a niveles muy bajos. Esto producía fenómenos como el de Juan Perón en Argentina, Getúlio Vargas en Brasil, o, con un perfil bastante diferente, Salvador Allende en Chile. Estos «fenómenos populistas» eran explicados generalmente por una debilidad institucional o, en su versión más políticamente incorrecta, por una falta de entrenamiento y tradición en los valores civiles, la racionalidad, el consenso y la moderación. Nadie se acuerda ya de aquellos tiempos en los que el populismo no era cosa de europeos, pero dice mucho de cómo se ha entendido el funcionamiento de este en las democracias occidentales. Al llegar el populismo a Europa de la mano de Haider y luego de Le Pen padre, este se concibió como la llegada del «otro», la irrupción de lo salvaje en nuestras sosegadas democracias[8]. Se empezó a hablar entonces no tanto de regímenes populistas sino de actores populistas, y el fenómeno empezó a entenderse de forma mayoritaria como una ideología[9], aunque por supuesto no como un producto de incivilidad por parte de los europeos. La consolidación del concepto y el fenómeno del populismo en Europa es el antecedente de la polarización como nueva enfermedad europea y marca muchas líneas de continuidad.

La década de 2020 aparece dominada por la narrativa de la polarización y nadie tiene claro del todo qué nos ha hecho sustituir una palabra por la otra o si los dos fenómenos son complementarios. En efecto, la Fundación del Español Urgente Fundeu BBVA pasó del populismo en 2016 a la polarización como la palabra del año en 2023, lo que es bastante informativo. A partir de un estudio de la filóloga María Dolores Porto Requejo sobre el uso que hacen los medios de comunicación del término polarización, se observa «un posible abuso del término por parte de los medios» y se confirma «la palabra *polarización* como una palabra clave, que desempeña un papel esencial en el discurso político y mediático y que ayuda a definir el actual contexto social y cultural en España»[10]. Una

---

[8] Por otro lado, es necesario notar que la preocupación por el populismo, en esta primera fase entendido como cualquier opción política «popular» que rompiese el consenso liberal-conservador y socialdemócrata, también sirvió para invisibilizar el ascenso de la extrema derecha como fenómeno crecientemente relevante en los países europeos. Su caracterización como «populistas» ponía el acento en su discurso positivo hacia el pueblo austriaco o francés y no tanto en sus conexiones con la tradición fascista y ultraderechista en Europa.

[9] Cas Mudde (2004), «The Populist Zeitgeist», *Government and Opposition*, 39 (4), pp. 542-563.

[10] María Dolores Porto Requejo (2023: 223), «Polarización en periódicos españoles: significado y contextos de uso», *Cultura, Lenguaje y Representación*, vol. XXX, pp. 223-242.

rápida búsqueda en Google académico arroja unos números impresionantes. Google académico detecta 5.020.000 documentos de habla inglesa que utilizan el término más otros 1.510.000 en su variante británica (*polarisation*), en la fecha de redacción de este libro. Para que entendamos la dimensión cuantitativa de estos datos, podemos compararlos con el término populismo (*populism*, 585.000), o democracia (*democracy*, 4.400.000).

Más allá de esta dimensión cuantitativa, lo más interesante del artículo de Porto Requejo es que señala cómo en los medios de comunicación españoles, que no olvidemos que en un grado importante se nutren de trabajos conceptuales académicos, las metáforas más frecuentes asociadas al término polarización son las de enfermedad y virus[11]. Por lo tanto, con base en la metáfora de la enfermedad, la categoría del populismo ha servido como llamada de atención para echar al «otro salvaje» que venía a contagiarnos con su ideología populista, mientras que la categoría de polarización asume que «ese otro» ya nos ha contaminado. A partir de la narrativa de la polarización, todos estamos en mayor o menor grado polarizados, tanto el sistema político en general como el conjunto de la ciudadanía. La solución no es ya tan simple como expulsar o excluir al populista, sino que se han de corregir hábitos y maneras que han impregnado la política y el modo en el que los ciudadanos se relacionan con ella.

Por lo tanto, la polarización no solo sirve para diagnosticar mejor lo contagiosa que es la enfermedad que padece la democracia, sino que también indica de forma más precisa cuál es su opuesto virtuoso y cómo debemos tratar la enfermedad. Se identifica más claramente, bajo la narrativa de la polarización, cuál es el principal problema de la representación moderna: la degradación de la deliberación. La deliberación se puede entender como el proceso por el que varios actores entran en una discusión creativa a través del uso de la persuasión y del acuerdo[12]. Este es el pilar de la representación moderna que hay que recuperar según la narrativa de la polarización: hay que aprender a deliberar de nuevo. Para conseguir esto se utilizan las recetas clásicas para asegurar una buena deliberación: la despersonalización, la discusión acerca de medidas concretas, la falta de descalificación personal. En otras palabras, los politólogos piden que los políticos y los ciudadanos cambien su lenguaje y lo

[11] *Ibid.*, p. 236.

[12] Véase Jürgen Habermas (1984), *The theory of communicative action. Vol. 1. Reason and the rationalization of society*, Boston: Beacon Press; Bernard Manin (1997), *The Principles of Representative Government*, Cambridge University Press; Thomas Risse (2000), «"Let's Argue!": Communicative Action in World Politics», *International Organization*, 54(1), pp. 1-39.

centren en un debate sobre políticas públicas más que sobre identidades[13]. Pero veamos de forma más detallada los contornos de la narrativa de la polarización.

## 2. ¿POLARIZADOS O PARALIZADOS? ¿QUÉ ES LA POLARIZACIÓN?

Hablar de la narrativa de la polarización implica que la centralidad de esta categoría politológica no tiene solo que ver con que sea un concepto útil y productivo empíricamente. En otras palabras, su importancia no se debe solo a que existe un fenómeno nuevo de nuestra realidad política que necesita ser analizado de manera sistemática para extraer conclusiones. En este libro, voy a defender que la polarización es también una meta-narrativa con ramificaciones académicas, políticas y mediáticas —como todo gran concepto en ciencia política— y forma parte de un tipo de lectura —con su diagnóstico, prognosis y tipos de solución— de los problemas fundamentales de nuestras democracias. Es decir, tiene un fuerte carácter «performativo» que orienta los análisis, las acciones y las políticas públicas que deben aplicarse para contener las enfermedades de la democracia.

El fenómeno de la polarización ha sido ampliamente estudiado en el marco de las ciencias sociales y políticas. Puede que el libro *La Cultura Cívica* de Gabriel Almond y Sidney Verba publicado en 1963[14] esté entre los primeros trabajos explorando este tema. En el ámbito de la ciencia política, se distingue principalmente entre polarización ideológica y polarización afectiva. La primera se refiere a la distancia ideológica que existe entre los partidos que concurren en unas elecciones o los ciudadanos y la segunda tiene que ver no tanto con la distancia ideológica sino con el grado de repulsa hacia posiciones contrarias o alejadas[15]. La polarización de los partidos políticos está correlacionada con la polarización ciudadana —tanto afectiva como ideológica— tal como entiende la mayor parte de la literatura centrada en este tema. Generalmente se asume que uno de los vectores que explica el incremento de la polarización en las sociedades actuales es la importancia que han cobrado actores políticos que polarizan —nuevos partidos o movimientos radicales—. Al mismo tiempo, otro factor señalado como relevante en este ascenso inin-

---

[13] Véase Luis Miller, *op. cit.*; Mariano Torcal, *op. cit.*

[14] Véase Gabriel Abraham y Sidney Verba (2015 [1963]), «The Civic Culture: Political Attitudes and Democracy in Five Nations», Princeton University Press, Princeton, NJ.

[15] Véase Lluis Orriols, *op. cit.*, pp. 125-137.

terrumpido en los niveles de polarización son las redes sociales, y de forma más general, el cambio en las formas de comunicación entre los ciudadanos. Los estudios sobre las llamadas «cámaras de eco» en las redes sociales son quizá uno de los ejemplos más conocidos sobre esta cuestión. Los ciudadanos se verían cada vez más encerrados en un círculo vicioso de comunicación dentro de comunidades cerradas y excluyentes al poder seleccionar a los interlocutores que tienen en las redes sociales —ampliando lazos de amistad o bloqueando—.

Los trabajos empíricos sobre polarización han mostrado recientemente que este es un fenómeno en ascenso, al menos en Estados Unidos y Europa occidental. Por ejemplo, hoy en día los ciudadanos estadounidenses sienten mayor rechazo emocional hacia aquellas personas que se encuentran en posiciones opuestas a las suyas que en los tiempos del libro de Almond y Verba (1963). En países europeos, y en particular en España, parece que los últimos estudios también apuntan a un aumento de la polarización al menos en dos momentos bien localizados. En primer lugar, a partir de la llegada al gobierno de José Luis Rodríguez Zapatero en 2004 y posteriormente, con la ruptura del sistema de partidos en diciembre de 2015[16]. Si bien la polarización sirve para identificar un fenómeno empírico relevante e interesante, el marco en el que se plantea el análisis y las posibles soluciones que se ofrecen limita tremendamente el potencial reflexivo sobre esta cuestión. A continuación, intentaré exponer de qué manera.

Cuando a finales del siglo XIX y sobre todo a principios del siglo XX los partidos políticos de masas cobraron importancia en las proto-democracias de la época, algunos analistas creyeron que se estaba viviendo una crisis de representación aguda. Esto se debía a que la articulación de preferencias políticas ya no respondía a acuerdos y decisiones de las élites en un entorno cerrado (el Parlamento), sino que los conflictos sociales, como la lucha de clases, empezaban a penetrar en el Parlamento de forma muy ruidosa. Los partidos de masas, como su propio nombre indica, fueron el instrumento para incorporar a las masas a la política —con no pocos problemas y contradicciones como refleja el famoso libro de Robert Michels de 1911 sobre la oligarquización de los partidos políticos—. Sin duda, la entrada de las masas en la política incrementó el grado de conflicto político y dificultó los acuerdos y consensos entre las élites. Sin embargo, cuando se planteaba que había una crisis del parlamentarismo y la representación, se nombraba un problema aparente o superficial, ignorando la cuestión fundamental: la exclusión de las masas de la política, al mismo tiempo que se reclamaba la soberanía popular o

---

[16] Mariano Torcal, *op. cit.*; Lluis Orriols, *op. cit.*

al «pueblo» como sujeto político legítimo. Como es bien sabido, el sufragio universal pleno no se impuso de manera generalizada hasta el primer cuarto del siglo XX, cosa que sigue sorprendiendo a más de un observador despistado que vincula, sin mayor discusión, la representación moderna con la democracia.

Algo similar ocurre actualmente con la preocupación desmesurada por la polarización: señala un problema aparente o superficial para esconder otros más graves y centrales para la democracia. La polarización, como síntesis mejorada del populismo, esconde el problema, por un lado, de la exclusión del «otro» —la larga crisis de representación en nuestras democracias que invocó el populismo— y, por otro lado, de las condiciones necesarias para la deliberación. La narrativa de la polarización nos invita a un ejercicio individual de perfeccionamiento de nuestra tolerancia y nuestra capacidad deliberativa. Por ejemplo, Lluís Orriols[17] sugiere que realicemos el siguiente ejercicio mental: ¿cómo nos sentiríamos si nuestro hijo se afiliase a las juventudes de un partido que detestamos?, ¿nos iríamos de cañas con alguien de una filiación política opuesta a la nuestra? Según Orriols, hacernos estas preguntas nos puede ayudar a detectar lo polarizados que estamos. Más allá de lo poco efectivo del hilarante ejercicio, esta ocurrencia indica que de fondo está la idea de un sujeto racional y autónomo cuya soberanía es fácilmente recuperable. O, al menos, que la soberanía del ciudadano-votante se recupera con un gesto individual de cordura y sosiego, que puede ser incentivado por las instituciones. De hecho, la época anterior a la llegada al gobierno de José Luis Rodríguez Zapatero en 2004 aparece como un lugar de referencia idóneo en el que se deliberaba mejor, se sabía pactar y reinaba la concordia. Sin embargo, como ha señalado recientemente el filósofo Gonzalo Velasco Arias[18], apelar a «las virtudes individuales para luchar contra la polarización es inoperante». Esto es así porque la polarización hunde sus raíces en procesos políticos mucho más profundos cuya resolución no pasa por una especie de curso rápido de ética individual deliberativa.

La narrativa de la polarización esconde, en efecto, que el problema de la deliberación es más complejo. El votante no es un sujeto soberano y racional sino un sujeto sobrecargado, agotado e invadido por los *inputs* emocionales y mercantiles que ordenan su vida y que, a partir de esta situación, desarrolla formas determinadas de racionalidad. Si desmontamos el fenómeno de la polarización no aparece un sujeto que antes deliberaba, aparece un sujeto que antes no hablaba, no tenía voz. Si nos fijamos en la época de González y Aznar, aquellos maravillosos años de

---

[17] *Op. cit.*, p. 126.

[18] Gonzalo Velasco Arias (2023: 152), *Pensar la polarización*, Gedisa, Barcelona.

Prisa y Pedro J., nos daremos cuenta de que tampoco sabíamos deliberar o, mejor dicho, tampoco nos dejaban aprender a deliberar. Simplemente no se había extendido la posibilidad de expresar reflexiones —por mucho que nos parezcan reflexiones basura— en las redes sociales, ni había partidos que pudiesen suponer un problema para el bipartidismo y, por lo tanto, la esfera pública no se polarizaba. Pero no era por virtud democrática y refinado arte persuasivo y dialogante, sino por nuestra falta de acceso a una esfera pública plural. Por lo tanto, si descartamos la opción de callarnos de nuevo, el planteamiento realmente útil es preguntarse cómo podemos ser capaces de deliberar en condiciones de igualdad y libertad sin excluir actores del tablero político.

## 3. LOS RETOS DE LA DEMOCRACIA EN LA SOCIEDAD PARALIZADA

El 6 de septiembre de 2019 un coche modelo SUV (*Sports Utility Vehicle*) descontrolado invadía la acera del distrito centro de Berlín matando a cuatro personas, una de ellas un bebé. Este suceso conmocionó a la ciudadanía berlinesa y generó un breve debate en la esfera pública alemana acerca del impacto del aumento de coches modelo SUV en las ciudades. Este debate no duró mucho y se diluyó pronto tras las llamadas al orden recordando que eso era parte de la decisión de cada uno y que no se podía indicar a nadie qué coche comprarse. Sin embargo, parece haber un consenso generalizado acerca de que los modelos de coche SUV no solo son más peligrosos, sino más caros y contaminantes. ¿En una sociedad de ciudadanos libres, no habría sido razonable que ese debate hubiese tenido lugar de forma informada y consecuente? ¿Es un proyecto colectivo deseable para nuestra sociedad lanzarse a la producción, distribución y consumo masivo de los modelos SUV en la situación de emergencia climática en la que nos encontramos y con los problemas que suponen estos modelos de automóvil? Esto es solo un ejemplo que muestra que este debate, y otros muchos, no tienen cabida en la sociedad de hoy a partir de unos cauces articulados y que eso implica una cierta parálisis democrática. Del mismo modo ocurre con la cuestión de la representación política: ¿Cómo podemos dejar al arbitrio de la necedad el hecho de que gobierne un narcotraficante o un profesor? ¿No debería tener lugar un debate urgente y articulado en nuestra sociedad sobre la repercusión de la mentira y la corrupción en política?

Adoptando el prisma que propongo en este libro, pasamos a comprender la polarización no como el opuesto de la desafección, sino a ambos fenómenos como dos caras de la misma moneda. La polarización brota de la desafección y la parálisis, de una imposibilidad de procesar el conflicto en términos democráticos, y del mismo modo, la polarización da paso a la desafección. En otras palabras, la polarización es la desafección cuando estamos obligados a hablar. Son dos caras de la misma incapacidad para expresar y procesar los conflictos de un modo radicalmente democrático, es decir, en unas condiciones de libertad y autonomía. En este libro, planteo que si queremos ser capaces de encontrar el camino que nos aleje de la desafección y la polarización el núcleo de nuestras reflexiones se debe centrar en la paralización democrática y no en la polarización. El desproporcionado diagnóstico acerca de los problemas de polarización, y la fijación con esta cuestión como nueva enfermedad de la democracia, desarma y desorienta más que da luz de cara a la profundización democrática.

Esto es en parte así, como explicaré más adelante, porque una de las grandes amenazas de la democracia —el ascenso de la extrema derecha— tiende a quedar difuminado en la narrativa de la polarización que expresa una cierta equivalencia entre los extremos polarizadores. Además de que el diagnóstico es ciertamente miope a la hora de radiografiar los problemas fundamentales de nuestra democracia, también ofrece recetas incapaces de abordar colectivamente una resolución democrática de los mismos. Poner el foco en una *paralización* más que en una *polarización*, nos permite atender a las raíces del colapso democrático y estar por lo tanto mejor equipados para enfrentar los principales límites y problemas de las democracias actuales. Pero ¿qué es lo que nos paraliza? En este libro sostendré que la paralización democrática, es decir, la incapacidad del conjunto de la ciudadanía de procesar los conflictos de un modo democrático en un marco de autonomía y libertad está vinculada a dos dimensiones fundamentales de la política.

En primer lugar, la paralización democrática está relacionada con el problema irresuelto de la representación política en nuestras democracias: ¿nos representan los partidos?, ¿nos representan unas élites?, ¿cómo participamos en el proceso político y la toma de decisiones fundamentales? La falta de respuestas claras ante estas preguntas no deja de erosionar la confianza de la ciudadanía en el sistema político y señala una crisis de representación de larga duración[19]. Es cierto, como señala Santiago Gerchunoff[20], que la representación moderna estuvo diseñada desde el principio para separar al pueblo o la masa plebeya del gobierno y

[19] Véase Ignacio Sánchez-Cuenca (2022), *El desorden político: Democracias sin intermediación*, Los Libros de la Catarata, Madrid.

[20] «La crisis de la democracia como melancolía», de Santiago Gerchunoff, *NUSO*, n.º 298, marzo-abril 2022: https://nuso.org/articulo/crisis-democracia-melancolia/

la administración del Estado y que traía de forma congénita ese déficit. En contraste con las democracias antiguas y el diseño del gobierno en repúblicas italianas como Florencia, el pueblo no está reconocido como sujeto político en asamblea. Es nombrado, pero no incorporado plenamente. En concreto, las labores fundamentales de decisión y de expresión que tenían las asambleas ciudadanas en las democracias clásicas es eliminada en los sistemas de representación modernos[21]. Para apuntalar más el diseño aristocrático de la representación moderna, los sistemas de elección no se ajustan democráticamente, sino que se les deja operar libremente. Desde la reflexión de los clásicos hasta el día de hoy, se ha señalado de forma reiterada el carácter aristocrático de la elección si esta no cuenta con mecanismos compensatorios como el sorteo, el más conocido y discutido[22].

Es verdad que la elección tiene dos potencialidades: la potencialidad aristocrática al servir como base para la representación y la potencialidad democrática si la elección está enmarcada dentro de un proceso de delegaciones dependientes o comprometidas. De algún modo, el surgimiento de los partidos de masas supuso la activación de esta segunda potencia de la elección ya que se establecieron ciertos contrapesos dentro de los partidos para que la extracción social de los líderes políticos no respondiese exclusivamente a su capacidad económica o su prestigio social. Sin embargo, la crisis de los partidos de masas desde los años sesenta del siglo XX acabó con el único artefacto que de forma exitosa se había inventado para compensar esta tendencia aristocrática de la elección.

Al final de lo que el politólogo irlandés Peter Mair llamó, de una forma muy criticada, la «edad de oro de los partidos políticos», los viejos déficits de la representación moderna aparecieron de nuevo, pudiéndose resumir en dos principales. Por un lado, la representación plantea el problema de quién accede al poder y cómo se toman las decisiones fundamentales. Los métodos de selección de las élites actualmente están cada vez más mediados por cuestiones de gobernabilidad y por el desempeño de los líderes en la esfera mediática. Si anteriormente el poder de las masas podía aupar a un representante más o menos ajeno al entorno político-mediático, ahora es más importante que sepa manejarse en los medios y con los instrumentos del poder y del Estado. Esta es una de las principales lecciones que todo partido político nuevo se ve forzado a

---

[21] Bernard Manin, *op. cit.*; Ellen Meiksins Wood (2016), *Democracy Against Capitalism: Renewing Historical Materialism*, Verso Books, London.

[22] Véase Jose Luis Moreno Pestaña (2021), *Los pocos y los mejores. Localización y crítica del fetichismo político*, Akal, Madrid; o Ernesto Ganuza y Hedwig Marzolf (2024), «¿Democracia sin demos? La utopía (sin política) en las sociedades complejas», *Las Torres de Lucca: revista internacional de filosofía política*, vol. 13, n.º 2, pp. 83-92.

aprender, como ocurrió en el último ciclo de cambios en el sistema de partidos español (2014-2019)[23]. Sumado a esto, el complejo entramado de la toma de decisiones está cada vez más mediado por agentes privados, lobbies, y agencias gubernamentales especializadas (que funcionan de hecho como lobbies). Es, por lo tanto, cada vez más difícil e intrincado dar visibilidad y acceder a la toma de decisiones y al ejercicio del poder para el ciudadano medio. Esto es lo que Moreno Pestaña y Carballo Rodríguez llaman la «epistemocracia en política»[24], es decir, las formas de excluir y seleccionar representantes políticos a partir de determinados saberes o conocimientos. Como he comentado más arriba, aunque este es un elemento intrínseco a la representación moderna, la caída de los partidos de masas como aglutinadores de «emprendedores populares», agudiza aún más el sesgo elitista de la representación.

Además del problema de la representación, pero para nada desconectado del mismo, la segunda dimensión que se debe tener en cuenta para entender la parálisis democrática es el problema de la expresión y organización de las preferencias políticas de los ciudadanos. Como hemos comentado más arriba, nuestra capacidad primero para hablar y segundo para deliberar con libertad y autonomía aparece seriamente dañada. Esto se debe a la conjunción de varios fenómenos. En primer lugar, la política se procesa cada vez más en términos mercantiles. Se ha visto subsumida en una lógica de signos con un patrón mercantil de distribución y consumo creciente. Por ejemplo, el debate del 10 de julio de 2023 entre los dos principales candidatos de cara a las elecciones generales en España se leyó en términos de rentabilidad individual por parte de muchos de los individuos-consumidores que lo vieron. Uno de los adjetivos que más se destacó por parte de políticos y medios de comunicación fue la impresión de *solvencia* del proclamado como ganador del debate —Alberto Núñez Feijóo del Partido Popular—, un término directamente vinculado a la capacidad para «soltar» dinero y disolver las deudas. En efecto, el debate político se consumió a modo de un registro individualizado de los valores positivos y rentables o negativos y poco fiables de los candidatos. La consolidación de esta subjetividad neoliberal es el primer fenómeno que dificulta nuestro posicionamiento en un debate sobre la deseabilidad de proyectos colectivos que puedan articularse en nuestra sociedad.

---

[23] Son debates que se tuvieron, por ejemplo, durante la primera fase de lanzamiento del proyecto de Podemos como partido político —a la vez que había una cierta reflexión crítica sobre el asunto—.

[24] Véase Jose Luis Moreno Pestaña y Francisco Manuel Carballo Rodríguez, F. M. (2020: 170), «Geometría, sorteo y política: Jacques Rancière entre Cornelius Castoriadis y Bernard Manin», *Isegoría* (62), pp. 169-190. https://doi.org/10.3989/isegoria.2020.062.09

Sin embargo, el debate electoral del 13 de julio de 2023 en España solo fue un hecho aislado dentro de las intensas actividades de producción política simbólica que se dan continuamente en las redes sociales y los medios de comunicación tradicionales. En el «imperio de signos» en el que estamos inmersos, en palabras de Slavoj Žižek, no tenemos un problema de falta de información sino de incapacidad para parar el flujo informativo y abrir espacios en los que el tiempo se ordene de manera diferente. El nuevo giro de la esfera pública digital ha transformado de manera más dramática aun esta incapacidad de involucrarnos en proyectos que nos lleven más allá de nosotros mismos y nos permitan considerar de manera colectiva qué es lo deseable en política. Existe, en efecto, un espacio público fragmentado en el que hay varias dinámicas negativas para que se den las precondiciones de la deliberación. Es verdad que ha habido una pluralización de los canales a partir de los cuales podemos comunicarnos. Sin embargo, la mala noticia es que esta pluralidad de canales empieza a estar monopolizada por los intereses de las grandes compañías tecnológicas como *Google* o *Meta*. El monopolio de estas grandes compañías ha creado un ecosistema comunicativo que tiene profundos efectos políticos, como bien señala el filósofo Daniel Innerarity[25].

En último lugar, este ecosistema comunicativo está abierto y posibilita el uso estratégico de la mentira y «la producción organizada de la ignorancia», en palabras de Fernando Broncano[26]. El tipo de ignorancia de aquel «que no sabe que no sabe» es el que más predomina en un mundo saturado informativamente y cuyo flujo mercantil estandariza mentiras y medias verdades. Cada vez más, las grandes compañías (farmacológicas, tecnológicas) invierten en su propia forma para producir conocimiento e ignorancia, como muestra de manera magistral la serie *Dopesick*, protagonizada por Michael Keaton. La serie describe cómo la empresa farmacéutica Purdue Pharma LP se encargó de fabricar evidencia científica para justificar la administración descontrolada de opioides como la oxicodona, que provocaron una verdadera epidemia de muertes entre finales de los noventa y principios de siglo en Estados Unidos. Un problema para nada solucionado a día de hoy en los Estados Unidos, con el reciente auge del fentanilo. En este escenario, los ciudadanos tenemos cada vez más dificultades para ponernos de acuerdo sobre hechos comunes, es decir, sobre una cierta objetividad

---

[25] Daniel Innerarity (2022: 2010), *La sociedad del desconocimiento*, Galaxia Gutenberg, Madrid.

[26] Fernando Broncano (2020), *Conocimiento expropiado. Epistemología política en una democracia radical*, Akal, Madrid.

que nos permita discutir, aunque sea de forma provisional. Esto tiene que ver no solo con las grandes compañías privadas que dominan el flujo comunicativo, sino también con los intereses mediáticos y políticos que lanzan campañas sistemáticas de desinformación. Quedan por inventar, todavía, proyectos colectivos efectivos que frenen y regulen tales flujos de conocimiento/ignorancia porque, como bien apunta Antonio Muñoz Molina «a partir de cierto grado la mentira tiene un efecto paralizador»[27].

La tesis central que presenta este libro es que la polarización es un subproducto de una cierta paralización de la sociedad para articular y valorar proyectos colectivos sobre los que se instituya nuestra sociedad. Por lo tanto, para expandir la democracia no necesitamos tanto superar la polarización como la paralización, es decir, nuestras dificultades para democratizar aspectos básicos de nuestra vida. Cambiar el foco de la polarización a la paralización nos permite identificar los retos principales de la democracia y los límites y las problemáticas fundamentales relacionadas con la representación y la participación política. Bajo la perspectiva que sugiero en el libro, el sujeto no aparece ya como un sujeto soberano que ejerce una determinada racionalidad sino como un sujeto que se debate entre estos tres procesos fundamentales que intervienen en su subjetividad: el neoliberalismo como modelo de sujeto empresario de sí mismo, la fragmentación y monopolización de la esfera pública y la producción organizada de la ignorancia y la desinformación.

Como plantea Franco Berardi Bifo, estos tres ejes a partir de los que se estructura nuestra experiencia y nuestra subjetividad suponen una «lenta cancelación del futuro»[28] que dificulta mucho el surgimiento de expresiones capaces de desafiarse a sí mismas. Por lo tanto, si el populismo es el síntoma que como apariencia nos desvela el problema del consenso excluyente, la polarización es la apariencia que desvela el problema de los sujetos intervenidos, sobrecargados e integrados en redes fragmentarias e individualizadas. Una vez retirado el velo de la apariencia de la polarización, el problema no sería de falta de soberanía, sino de falta de libertad. Una libertad que nos permita pensar colectivamente nuestro tiempo y los proyectos colectivos que sirvan para encarar los retos fundamentales del planeta y de las sociedades actuales. En palabras del filósofo Martin Hägglund «ser libre [...] no es ser soberano o verse liberado de toda limitación. Más bien, somos libres porque podemos preguntarnos qué debemos hacer con nuestro

---

[27] «La era de la vileza», de Antonio Muñoz Molina, Tribuna en *El País*, 15 de julio de 2023: https://elpais.com/opinion/2023-07-15/la-era-de-la-vileza.html

[28] Franco Berardi Bifo (2011: 13), *After the Future*, AK Press, Edinburgh.

tiempo»[29]. Este libro pretende ser una aportación en la dirección de asentar la libertad y la autonomía como bases para un proyecto político democrático.

## 4. ESTRUCTURA DEL LIBRO

Además de este capítulo introductorio, el libro consta de cuatro capítulos. El primero, que lleva el título de «Los orígenes: la democracia», presenta un análisis histórico de la representación moderna como un mecanismo para contener la democracia y su emergencia conflictiva. Esta disputa es esencial para entender los límites del Estado liberal y en qué condiciones el sufragio universal pleno se hizo compatible con la representación moderna sobre todo a partir del segundo cuarto del siglo XX. El capítulo presenta en primer lugar la historia conflictiva entre los movimientos democráticos y las formas modernas de representación. El recorrido se centra en la historia posterior a lo que se ha venido denominando revoluciones de la modernidad —es decir, la Revolución americana y la francesa, así como la influencia que tuvieron los debates de Putney en el contexto de la Revolución inglesa—. La obligada síntesis que se presenta en este capítulo se centra en las estrategias para bloquear el movimiento democrático, este último encabezado a partir de 1848 por la clase obrera.

En el siguiente capítulo («La oferta: los partidos políticos»), examino el rol de los partidos políticos primero como facilitadores de la expansión democrática y posteriormente como tapones respecto a la democratización. La tesis de Peter Mair sobre el giro de partidos de representación a partidos de gobierno es uno de los ejes que estructuran este capítulo. El objetivo es señalar uno de los límites que condiciona la democracia y la participación política: las formas organizativas de integración en el Estado que han tomado los partidos.

En el tercer capítulo («La demanda: ciudadanos y esfera pública») abordo los problemas asociados a la expresión y la coordinación de preferencias políticas en la esfera pública por parte de los ciudadanos. Se describe un proceso gradual de desafiliación y desintermediación que atomiza la sociedad y limita mucho más la posibilidad de instituir de forma autónoma un sentido social y político de la vida en común. La reconexión primero a partir de los medios de comunicación más tradicionales y luego a partir de las redes sociales ha dificultado aún más las

[29] Martin Hägglund (2022), *Esta vida. Por qué la religión y el capitalismo no nos hacen libres*, Capitán Swing, p. 18.

posibilidades de revertir estas dinámicas. En una lucha en el ámbito de la subjetividad política, las palabras de Mark Fisher pueden ser un punto de partida con su propuesta de cuestionar el «par de opuestos motivación-desmotivación»[30] en el marco de las sociedades de control.

Finalmente, dedico el cuarto capítulo que lleva el título «Tejer los hilos del movimiento democrático» a realizar un examen de las respuestas que hasta ahora se han dado a la paralización democrática. En primer lugar, se exploran los límites y las posibilidades de los experimentos de diseño institucional y, en segundo lugar, se analiza la transformación institucional en relación con los sujetos políticos democráticos, así como su alcance en el contexto actual. En último lugar, desarrollo una reflexión general sobre el contenido del libro y la aportación que supone en el actual escenario intelectual y político.

Una nota aclaratoria a propósito de los títulos que llevan los distintos capítulos y su relación con el contenido del libro. La estructura de este libro se basa en la distinción clásica que realiza la ciencia política entre oferta y demanda política. Sin embargo, esta distinción no está carente de problemas. Bebe de la misma metáfora mercantil que introdujo Anthony Downs en su famoso libro *Una teoría económica de la democracia* y que señalamos al principio de este capítulo. Tomada esta metáfora de manera estricta, sirve para describir dos orillas como si estuvieran desconectadas y pudiesen concebirse de manera separada. De manera más importante, impide en muchos casos reflexionar de forma clara acerca del origen de esta distinción, la formación de estas categorías y las implicaciones políticas que esto tiene para entender el proceso político y la democracia. Este libro asume la estructura de la oferta y la demanda, pero precisamente para realizar una crítica interna que cuestione estos supuestos de autonomía y racionalidad de las dos esferas señaladas[31]. El mismo contenido del libro plantea una reflexión crítica para superar la ficción de que las preferencias de los ciudadanos (demanda) no están entretejidas con la estructura del sistema político (oferta) y que el sistema político es independiente de las relaciones sociales en las que se desarrolla.

El libro pasea por estas dos dimensiones (la oferta y la demanda) para identificar hilos nuevos que las unen y señalan relaciones que son determinantes para restablecer la capacidad de instituir la sociedad, es decir, de hacer política de un modo democrático. En este sentido, el presente libro piensa los retos de la democracia frente a un horizonte de autono-

---

[30] Mark Fisher (2018), *Realismo capitalista: ¿No hay alternativa?*, Caja Negra Editora, p. 60.

[31] Véase Ellen Meiksins Wood, *op. cit.*, para un enfoque similiar.

mía y libertad de la colectividad y de los individuos que la componen. Debe enmarcarse en una lucha más global por la reconquista de la esfera pública, entendiendo que para expandir la democracia debemos acercarnos a un régimen en el que «la esfera pública se hace verdadera y efectivamente pública»[32]. Solo en este marco será posible escapar del péndulo que oscila entre la apatía y la polarización y que brota del creciente aislamiento y la falta de autonomía de los ciudadanos.

Es obligado acabar esta introducción mencionando a todos los compañeros y amigos que se han ofrecido generosamente a leer, discutir, comentar o criticar fragmentos y versiones previas de este manuscrito. En primer lugar, quería agradecer su escucha y diálogo a los compañeros de la Universidad Autónoma de Madrid dónde se fraguaron las primeras reflexiones e inquietudes acerca de la cuestión de la polarización y la democracia, en especial a Luis Bouza García, Álvaro Oleart y Taru Haapala. Otros compañeros y amigos en el ámbito de la academia y más allá de esta han sido muy importantes para ofrecer aliento y consejo, sobre todo en la parte final de la redacción y la revisión de este libro. Quería realizar una mención especial a José Luis Moreno Pestaña, Jaime Pastor, Brais Fernández, Paolo Cossarini, Montserrat Galcerán, Florencia Peyrou, Paolo Gerbaudo junto con muchos otros. Por último, quería agradecer a mi familia su apoyo incondicional y su lectura paciente y crítica de fragmentos y versiones previas de este libro. Cualquier error, desatino o incongruencia es, sin embargo, responsabilidad exclusiva del autor de este libro.

[32] Cornelius Castoriadis (1994: 12), «La democracia como procedimiento y como régimen». Intervención en el encuentro internacional «la Estrategia democrática», Roma, febrero de 1994.

## CAPÍTULO 1

# LOS ORÍGENES: LA DEMOCRACIA

«La democracia se encuentra en apuros». En medios de comunicación, informes de *think tanks*, o artículos académicos, encontramos la misma letanía. Por ejemplo, la organización intergubernamental IDEA, concluía en su informe anual de 2022 que «las democracias están decayendo o se están estancando en un contexto global que cambia con gran rapidez»[1]. Políticos y medios de comunicación también alertan de las múltiples amenazas que parecen asolar a la democracia, aunque discrepan con frecuencia acerca de cuáles son estas amenazas y hasta qué grado son importantes. Sin embargo, queda sin dilucidar y en demasiadas ocasiones fuera de la discusión pública a qué nos referimos con democracia. Las aproximaciones en el marco de las ciencias sociales combinan una serie de índices que miden dimensiones de la democracia (pluralidad política, división de poderes, competición electoral, pluralidad informativa)[2]. El problema viene al agregar estos índices de manera irreflexiva y llamar a tal unidad ficticia «democracia». No queda claro del todo cómo se relacionan estas dimensiones entre sí y si contribuyen del mismo modo y de una manera agregada a la pervivencia de los sistemas democráticos.

---

[1] Informe anual de IDEA 2022, p. 42 «El estado de la democracia en el mundo 2022. Forjar contratos sociales en tiempos de descontento»: https://www.idea.int/democracy-tracker/sites/default/files/2023-02/estado-de-la-democracia-en-el-mundo-2022_0.pdf

[2] Véase Brigitte Geissel, Marianne Kneuer y Hans-Joaquim Lauth (2016), «Measuring the quality of democracy: Introduction», *International Political Science Review*, 37(5), pp. 571-579; Dieter Fuchs y Edeltraud Roller, E. (2018), «Conceptualizing and Measuring the Quality of Democracy: The Citizens' Perspective», *Politics and Governance*, Volume 6, Issue 1, Pages 22-32; David F. J. Campbell (2019), *Global Quality of Democracy as Innovation. Enabler. Measuring Democracy for Success*, Palgrave; Noam Lupu y Jonas Pontusson (2023), *Unequal Democracies: Public Policy, Responsiveness, and Redistribution in an Era of Rising Economic Inequality*, Cambridge University Press, Cambridge.

La dimensión temporal e histórica que ayuda a aclarar cómo cada una de estas dimensiones ha sido constituida y por qué algunas pierden fuerza mientras otras no, no se considera en este tipo de enfoques[3]. Saltando por encima de estos problemas, la democracia suele presentarse como un fenómeno coherente y fácilmente identificable. Lo que más ayuda a conseguir esta impresión de unidad y coherencia de la democracia son sus enemigos exteriores. Por ejemplo, el mencionado informe de la organización intergubernamental IDEA alerta de que «los populistas siguen ganando terreno en todo el mundo»[4] y relaciona esto con el declive de la democracia a nivel global. El populismo es un término que muchas veces se combina con alusiones al autoritarismo y se conecta de forma más o menos explícita con lo que históricamente ha figurado en la literatura dominante como el gran enemigo de la democracia: la amenaza del par fascismo/comunismo. Enfrentada a estos enemigos exteriores, la democracia tiende a concebirse en las ciencias sociales como un sistema coherente con determinados ajustes institucionales que pueden ser erosionados en ciertos momentos. Estos ajustes institucionales (elecciones regulares y libres, pluralismo partidista, Estado de derecho) se conciben como precondiciones para el ejercicio del voto, es decir, para la elección de nuestros representantes cada dos, cuatro o cinco años[5].

Aunque la capacidad de elegir a representantes públicos con cargos de gobierno ha figurado como aquella piedra angular que da carta de naturaleza a la democracia, hay una extensa tradición teórica acerca de las medidas adicionales que aseguran que un sistema de representación sea democrático. Estas medidas adicionales se encargan en teoría de compensar la tendencia aristocrática que la elección por sí misma conlleva y que ha sido mencionada en el capítulo anterior. Las nociones de «rendición de cuentas» y «responsabilidad» (*responsiveness*) de los gobernantes tienen la función de vincular las decisiones de los representantes con la voluntad de los representados. Sin embargo, tras la publicación de la obra clave de Hanna Pitkin en 1967 sobre estas cuestiones, y el desarrollo teórico de otras muchas autoras[6], no queda del todo claro

[3] Véase para un planteamiento alternativo, también con una visión histórica, José Luis Moreno Pestaña (2021: 7-8), *Los pocos y los mejores. Localización y crítica del fetichismo político*, Akal, Madrid.

[4] Informe anual de IDEA 2022, *op. cit.*, p. 2.

[5] Véase Robert Dahl (2005 [1961]), *Who governs? Democracy and Power in an American City*, Yale University Press, New Haven; o Adam Przeworsky (2019), *Crises of Democracy*, Cambridge University Press, Cambridge.

[6] Véase Jane Mansbridge (2003), «Rethinking Representation», *The American Political Science Review*, 97(4), pp. 515-528; Andrew Rehfled (2006), «Towards a General Theory of Political Representation», *The Journal of Politics*, 68(1), pp. 1-21; Nadia Urbi-

cómo deben ponerse en práctica estas medidas de rendición de cuentas y responsabilidad y tampoco si estos mecanismos son verdaderamente efectivos para vincular la acción de los representantes con la voluntad de los representados. La ola más reciente en teoría política que ha reflexionado sobre este tema examina las llamadas innovaciones democráticas como los mini públicos[7] o los experimentos de deliberación que vienen precisamente a compensar la poca efectividad de los mecanismos de rendición de cuentas y responsabilidad[8]. En este caso, también se ha concluido con cierto escepticismo acerca de la capacidad de estos métodos para democratizar los actuales gobiernos representativos.

Por encima de estos debates acerca de la deliberación y los experimentos participativos, lo que sí parece quedar claro es que el momento fundante de las democracias liberales actuales es el momento de la votación, a partir del cual los representados autorizan a un conjunto de representantes a hablar o actuar en su nombre[9]. Este mecanismo de autorización a través de la elección continúa siendo la base de las democracias actuales y no se han identificado mecanismos contundentes adicionales más allá de la rendición de cuentas en los medios de comunicación o la dimisión en aquellos casos en los que los escándalos políticos y la corrupción alcanzan niveles inadmisibles, lo que varía sustancialmente de un país a otro. Sin embargo, al estudiar a los votantes y los determinantes de su voto, tiende a olvidarse el movimiento social latente que históricamente ha sido necesario para que se den ciertos avances democráticos y cómo su sostenimiento o declive tiene que ver precisamente con la relación de fuerzas entre los sectores populares y las diversas oligarquías o élites dominantes.

La narrativa de la polarización, tal como ha sido descrita en el capítulo anterior, tiende también a olvidar a los sujetos colectivos a la hora de explicar los problemas y retos de la democracia. Los individuos polarizados interactúan en una esfera pública y política simétrica, neutral y ahistórica dentro de unas democracias liberales definidas por una serie de ajustes institucionales. Sin embargo, analizar el proceso político den-

---

nati y Mark E. Warren (2008), «The Concept of Representation in Contemporary Democratic Theory», *Annual Review of Political Science*, 11:1, pp. 387-412.

[7] Los mini públicos son instancias organizadas temporalmente o de forma regular en las que un grupo pequeño de ciudadanos, seleccionado de manera aleatoria y representativa, se reúne para deliberar sobre temas específicos de interés público.

[8] Edana Beauvais y Mark E. Warren (2019), «What can deliberative mini-publics contribute to democratic systems?», *European Journal of Political Research*, 58, pp. 893-914. https://doi.org/10.1111/1475-6765.12303; Cristina Flesher Fominaya (2022), «Reconceptualizing Democratic Innovation: «Democratic Innovation Repertoires» and their Impact Within and Beyond Social Movements», *Democratic Theory*, 9(2), pp. 78-100.

[9] Hanna F. Pitkin (1972 [1967]), *The concept of political representation*, University of California Press; Jane Mansbridge, *op. cit.*

tro de regímenes que se clasifican categóricamente como democracias o con un determinado nivel de calidad democrática, no nos permite vincular sus límites, problemas o desafíos con la constitución histórica de las democracias liberales. Por lo tanto, la primera tarea de este capítulo es ubicar históricamente el surgimiento del movimiento democrático, sus claves y contextos y las relaciones de fuerzas en las que se consolida. Para entender bien los problemas y la actual parálisis democrática es necesario partir de una idea dinámica de democracia. De este modo, la democracia no se concibe tanto como un sistema o régimen, sino como un movimiento histórico cuyas dimensiones principales se irán sustanciando a lo largo del capítulo. Aceptando que este enfoque pueda ser complementario de una definición más estática de democracia como el método de elegir y revocar representantes públicos, esta visión histórica nos permite rastrear los avances y retrocesos democráticos e identificar más claramente los contornos y retos del momento actual.

## 1. DEMOCRACIA LIBERAL *VERSUS* FASCISMO/COMUNISMO

*Las sufragistas* es una película británica estrenada en 2015 que retrata el movimiento y la lucha de las mujeres por conseguir el sufragio femenino en Inglaterra a principios del siglo XX. En ella se muestra como multitud de mujeres, unas proletarizadas con sus propios problemas y otras más acomodadas, tuvieron que jugarse el cuerpo para que el Estado liberal las reconociese como sujetos políticos de derecho. La película tuvo bastante afluencia de público y en muchos casos se percibió como una representación de un tiempo y un régimen muy lejano y distinto, de una naturaleza diferente. Sin embargo, es interesante pararse a pensar que el Estado liberal que concedió tras muchas resistencias el sufragio femenino en 1928 es constitutivamente el mismo que forma la estructura política del Reino Unido en la actualidad. Además, aunque la película incluye matices, es altamente probable que también sirva para reforzar la proyección del derecho al voto como fetiche desvinculado del conjunto de reivindicaciones planteadas por las mujeres y del movimiento democrático más amplio en el que se incluían. El movimiento sufragista-feminista luchaba por el derecho al voto, pero también por la posibilidad de tomar parte en las decisiones y las leyes del Estado liberal.

Tanto en el cine como en la política y los medios de comunicación se ha ido consolidando una idea casi sagrada del voto soberano, individual y racional, y es común encontrar alabanzas de lo que supone el ejercicio del voto. Se suelen escuchar frases como «mucha gente murió para que tú pudieses votar», «con lo que les ha costado a nuestros abuelos conseguir el derecho al voto». Generalmente con estas frases se ensalza uno de los derechos que se consagran en las democracias liberales, frente a otro tipo de formas políticas o regímenes que lo restringen o limitan; por ejemplo, en el caso español la dictadura franquista entre 1939 y 1975. Con ello, se consolida una oposición fundamental entre las democracias —aquí referidas a democracias liberales— y otro tipo de regímenes que no estructuran la competición política a partir de votaciones populares, sistemáticas y regulares: aquí entrarían tanto dictaduras de corte fascista como los antiguos regímenes socialistas del este de Europa. Es decir, se consolida una oposición entre las democracias liberales y el liberalismo frente a sus opuestos: comunismo y fascismo. Este relato se ha impuesto hasta tal punto que la historia de las democracias y del mundo moderno se reconstruye en muchos casos para mantener la coherencia de esta oposición casi esencial entre el *pack* democracia/liberalismo *versus* comunismo/fascismo. Aun a riesgo de simplificar demasiado convendremos que el relato suele articularse del siguiente modo: el liberalismo como filosofía política es la base de las democracias modernas que fueron surgiendo de forma gradual a partir de la difusión de las ideas del liberalismo y varios eventos fundacionales; por un lado, la Revolución inglesa y holandesa del siglo XVII y, por otro lado, la Revolución francesa y americana de finales del siglo XVIII.

Esta narrativa presenta al menos dos problemas principales: el primero tiene que ver con la coherencia entre las demandas de aquellos que defendieron la democracia históricamente y el tipo de sistema democrático-liberal de las sociedades contemporáneas. ¿Hasta qué punto el derecho al voto fue realmente «por lo que se dejaron la vida nuestros abuelos» o por lo que lucharon generaciones anteriores? Dicho de otro modo, para realizar esa reconstrucción histórica es necesario determinar la coherencia entre los que eran demócratas en el siglo XIX y XX junto a su programa político y los rasgos fundamentales de las sociedades actuales que pivotan sobre la idea del votante individual, racional y soberano. Es obvio que los movimientos democráticos han demandado históricamente la participación de todos los ciudadanos en la elección de órganos de gobierno o representativos, pero no es menos cierto que esto es solo una parte del programa político republicano y democrático. El segundo problema que presenta la tesis general que vincula la democracia y el liberalismo y lo opone al par comunismo/fascismo es que resulta muy difícil explicar por qué el Estado liberal ha sido profundamente antidemocrático durante la mayor parte de su historia. Lo único que se sostiene con una reconstrucción histórica mínimamente rigurosa es que la democracia tuvo muchos problemas para sobrevivir al Estado liberal nacido a finales del siglo XVIII. Es preciso por tanto clarificar primero qué es eso del Estado liberal para entender cómo puede ser con tanta frecuencia asociado a la democracia y a la vez haber servido como cementerio para tantos demócratas y como enterrador de los principios básicos de democracia.

## 2. EL ESTADO LIBERAL Y LA DEMOCRACIA

En ciencias sociales, nos referimos al Estado liberal para indicar que esta forma de Estado abraza total o parcialmente los principios del liberalismo. El liberalismo, palabra que surgió en España durante los debates sobre la Constitución de Cádiz en 1812, es un conjunto doctrinal o filosofía política cuyos principios refieren a dos dimensiones principales que están correlacionadas. En primer lugar, el liberalismo plantea el problema del poder, de su control, de su indivisibilidad o propiedad para ser fragmentado y de su relación con el conjunto de relaciones políticas dentro de una comunidad. La segunda dimensión refiere al conjunto de derechos individuales que se van a plasmar en sucesivas cartas y declaraciones de derechos (como, por ejemplo, en 1689 en Inglaterra), deudoras de las cartas magnas de la época medieval[10].

Sin embargo, para encontrar las primeras formulaciones serias que anteceden a la Ilustración en sus planteamientos acerca del llamado derecho natural cabe remontarse a 1550-1555, concretamente a los debates de Valladolid. En el marco de los debates de Valladolid y como respuesta al encuentro y choque con las poblaciones colonizadas de las Américas, pensadores como Francisco de Vitoria o Bartolomé de las Casas desarrollaron los primeros argumentos *iusnaturalistas*: los hombres nacen iguales y con ciertos derechos por naturaleza. Esto rompía con la visión aristotélica por la cual la esclavitud estaba justificada en ciertos casos en los que la naturaleza del ser humano era demasiado débil, fluctuante o infantil. La enumeración de «derechos naturales» fue cambiando según la época y en Locke, especialmente en 1689 con su *Segundo tratado sobre el gobierno civil*, encuentra una de sus plasmaciones más reconocidas. Entre estos derechos estaban el derecho a la vida, el derecho a la libertad (y a la integridad física conocido como *Habeas Corpus*), los derechos políticos y los derechos de libertad de fe.

Respecto a los límites que el liberalismo o las ideas liberales querían imprimir al Estado, esto es, la primera dimensión del liberalismo mencionada más arriba, también encontramos diferentes versiones. Locke

---

[10] Véase Fernando Vallespín (1997: 62-64), «El Estado Liberal», Capítulo 3, en Rafael del Águila Tejerina, *Manual de Ciencia Política*, Trotta; o John Gray (1994: 113-126), *Liberalismo*, Alianza Editorial, Madrid.

planteaba claramente que el Estado era un agente fiduciario que debía responder ante el principal: el pueblo o la nación[11]. De ahí se derivaba un derecho a la rebelión o la resistencia ante poderes ilegítimos, entiéndase esto en el marco de las guerras civiles inglesas —en parte rebeliones contra el rey— que finalizaron con la llamada Revolución Gloriosa de 1688. De este principio del poder como fideicomisario se deriva la reclamación de la rendición de cuentas de los políticos, de su rotación o revocación a partir de la voluntad expresada del pueblo. En relación con esto también se encuentra la distinción entre una entidad política de representación parlamentaria y un poder ejecutivo que estaría supeditado a las leyes votadas en el Parlamento. Montesquieu, y en esto difiere con Locke, también plantea un poder judicial independiente o separado lo que implica problemas muy actuales para conciliarlo con el principio de soberanía popular reflejado en el Parlamento. De este modo, podemos entender el Estado liberal como aquel garante de unas libertades individuales constitucionalizadas o plasmadas en derecho que es a su vez limitado y controlado por la ley —sobre todo el gobierno— y respeta tanto la esfera civil como la esfera económica de mercado[12].

En términos cronológicos el Estado liberal emerge como forma dominante de Estado a lo largo del siglo XIX (con experiencias previas a finales del siglo XVIII) y subsiste hasta día de hoy como una forma híbrida y cambiante que combina estas dos dimensiones. El Estado liberal es la forma política que se va desarrollando después de grandes disrupciones sociales como fue la Revolución francesa de 1789, la Revolución americana de 1776-1787, o la Revolución inglesa en 1688. El descabezamiento de las monarquías y los Estados absolutos que se produce con estas revoluciones pone encima de la mesa la cuestión de la soberanía popular como idea que pasó a estar en el centro de los regímenes políticos[13]. Las nuevas élites posrevolucionarias debían responder a la siguiente cuestión, ¿cuál era ese sujeto llamado pueblo donde residía la soberanía si el monarca no tenía ya por herencia y por la gracia de dios la *auctoritas* necesaria? Como veremos más adelante, para apuntalar la idea de soberanía popular y a la vez contener el «exceso democrático», se recurrió a una distinción fundamental entre ciudadanos activos (aquellos que podían participar en política) y ciudadanos pasivos. Esta distinción,

[11] Véase Antoni Domènech (2019: 109), *El eclipse de la fraternidad. Una revisión republicana de la tradición socialista*, Akal, Madrid.

[12] Véase Ludwig Von Mises 1985 (1927: 37-39), *Liberalism. In The Classical Tradition*, Cobden Press; Vallespín, *op. cit.*

[13] Véase Eric J. Hobsbawm (1981: 148), *La era del capitalismo*, Guadarrama/Punto Omega.

como bien señala Domènech[14], cristalizó en uno de sus momentos históricos clave en el posicionamiento de la Asamblea Nacional Francesa de 1789, aún con el enérgico voto de Robespierre en contra.

A lo largo de los años posteriores a la Revolución francesa, el movimiento democrático, que no se llamó formalmente así por supuesto, se desarrolló en el seno, y sobre todo en el afuera, de los Estados liberales tomando diversas formas. Se manifestó durante este período como el movimiento de avance hacia la expansión de derechos sociales y políticos para el conjunto de la ciudadanía. Desde su origen, el movimiento democrático ha latido como una contradicción dentro de los Estados liberales, como un elemento ajeno, como un «otro». Esto introduce una visión distinta a aquella comúnmente adoptada que está basada en la metáfora del embrión democrático que, formando parte de la naturaleza de los Estados liberales, se despliega en su totalidad en un determinado punto de madurez. En las siguientes líneas vamos a describir de forma más detallada el surgimiento conflictivo del movimiento democrático, su naturaleza contradictoria en relación con los Estados liberales, y también el lugar de la lucha por el sufragio dentro de este movimiento.

## 3. EL ESTADO LIBERAL COMO ANTIDEMOCRACIA

«Lo malo de la democracia es que todo el mundo puede votar»[15]. El cantante y compositor Roberto Iniesta hacía estas declaraciones en 2016 en una de las pocas entrevistas que concedía a periódicos por esa época. Desde 2016 hasta ahora está visión del cantante extremeño parece no haberse pasado de moda, sino tener más vigencia que nunca. La sensación de que mucha gente está votando sin saber lo suficiente o no tiene el juicio necesario para elegir a los representantes políticos es una idea que parece extenderse de forma transversal en ámbitos de izquierdas, de derechas, o apolíticos. Lo certifica el éxito que tuvo el libro *Contra la democracia*, publicado por Jason Brennan en 2017[16] y que formula esta misma idea probablemente con una motivación absolutamente distinta a la del cantante extremeño.

El libro de Brennan, profesor asociado en la Universidad de Georgetown y en la Universidad de Arizona, aboga abiertamente por restringir el derecho al voto para transitar a otro modelo que él denomina «episto-

---

[14] *Op. cit.*, p. 99; véase también Bernard Manin, *op. cit.*, pp. 98-99.

[15] Artículo en *El Mundo*, 13 de diciembre de 2016: https://www.elmundo.es/cultura/2016/12/13/584ef79422601d3c538b45be.html

[16] Véase Jason Brennan (2018), *Contra la democracia*, Deusto, Vizcaya.

cracia», el gobierno de los que saben, y deja frases como esta: «la mayoría de mis conciudadanos son incompetentes, ignorantes, irracionales y moralmente irracionales en política». Si la tesis de la polarización planteaba que los ciudadanos estaban temporalmente enfermos porque se habían polarizado o radicalizado, parece que Brennan lleva esta tesis al siguiente nivel y da por perdidos a los ciudadanos. En la línea de Brennan numerosos *youtubers* e *influencers* apoyan este tipo de medidas que parecen adquirir popularidad. Siempre que surgen comentarios de este tipo en los cursos que imparto de ciencia política a nivel de grado y posgrado les cuento a los alumnos que, aunque algún *youtuber* despistado o malintencionado vista estas ideas de novedad, lo cierto es que retoman una vieja tradición que permeó la cultura política dominante en los Estados liberales durante décadas. Esta concepción de la necesidad de restringir los derechos políticos entronca con la configuración primera del Estado liberal y los intentos por contener la democracia.

Como he señalado más arriba, la vinculación de los derechos políticos implícitos en el liberalismo con la democracia no fue ni mucho menos evidente durante al menos los primeros cien años de Estado liberal, hasta aproximadamente 1920. Hasta esta fecha, en la que el sufragio universal se generaliza en Europa, la palabra democracia está mal vista, asociada con el desorden y la subversión. Por lo tanto, la vinculación de la democracia con los Estados liberales fue el resultado de un proceso disruptivo que necesitó multitud de años, esfuerzo y derramamiento de sangre. La razón principal de esta relación conflictiva entre democracia y Estado liberal es que en los Estados liberales desde su comienzo se entendieron los derechos políticos de la ciudadanía como derecho a la representación no como democracia. De forma más o menos explícita, la representación moderna es la forma que toma este incipiente Estado liberal para contener la entrada de las masas en política y a la vez garantizar unos selectivos derechos individuales en el marco del liberalismo político. Puede que *a posteriori* la representación se haya conceptualizado como una especialización para liberar a las masas de la tarea de dedicarse a actividades políticas y delegar sin perder derechos, pero eso no tuvo mucho que ver con las raíces de su desarrollo inicial.

Lo cierto es que desde los orígenes del Estado liberal la representación no fue pensada como una forma de facilitar y perfeccionar la democracia, sino más bien como una forma de bloquearla. La historiadora Ellen Meiksins Wood[17] describe las cartas de derechos individuales iniciales y que condensan el núcleo liberal de estos nuevos Estados, como derechos

[17] Ellen Meiksins Wood (2012), *Liberty and Property: A Social History of Western Political Thought from the Renaissance to Enlightenment*, Verso Books, London.

que garantizaban la libertad de acción de las élites y la aristocracia frente al Estado absoluto y el monarca. Los derechos individuales y los límites al poder del Estado que se plantearon primeramente en Inglaterra y luego en las trece colonias americanas tenían que ver con el dinamismo y el protagonismo de unas nuevas clases económicas pujantes, no con la democracia. Esta limitación o contención del poder político del Estado permitió a las nuevas oligarquías reorganizar el sistema de propiedad y de producción y distribución económica[18]. Esto explica, por ejemplo, que el sufragio universal no se estableciera hasta mucho más tarde y que el acceso tanto al voto como a la posibilidad de ser elegido como representante se restringiese a un grupo más o menos limitado de propietarios. Como bien observa Wallerstein, en esa época «el espectro que acechaba a los notables era el de la democracia»[19].

De hecho, en las declaraciones iniciales de los *founders* americanos o los liberales ingleses del siglo XVIII y XIX se hizo un esfuerzo por distinguir la forma moderna de representación de las formas clásicas de democracia. Madison, uno de los padres fundadores de la Constitución norteamericana, consideraba que la representación moderna se distinguía en aspectos básicos de la idea democrática a partir de la cual las personas reunidas en colectivo elaboran sus propias leyes, en definitiva, la idea democrática de autogobierno. El *founder* americano se expresaba en estos términos al referirse a la democracia: «Las democracias han sido siempre espectáculo de turbulencia y de disputa; siempre se han considerado incompatibles con la seguridad personal o con los derechos de propiedad; y en general, han sido de vida tan corta, como violentas en su muerte»[20]. Sieyès, en el marco de la Revolución francesa, realizó afirmaciones similares destacando la idea de que la elección de determinados representantes con cualidades específicas para discernir el interés general es lo que distinguía los sistemas de representación modernos de otras formas democráticas[21]. O bien por una necesidad funcional debido a la complejidad de las sociedades —argumento presentado por Sieyès y que luego se ha impuesto en el relato mayoritario— o bien por una superación y un avance hacia una forma superior de go-

---

[18] Véase Ellen Meiksins Wood (2016: 211), *Democracy Against Capitalism: Renewing Historical Materialism*, Verso Books.

[19] Inmanuel Wallerstein, I. (2016: 53), *El moderno sistema mundial IV. El liberalismo centrista triunfante, 1789-1914*, Siglo XXI.

[20] Véase Hamilton, A., Madison, J. y John Jay (1797), *The Federalist Papers (1787-1788)*, International Relations and Security Network. Primary resources in international affairs.

[21] Bernard Manin (1997: 2-3), *The Principles of Representative Government*, Cambridge University Press, Cambridge.

bierno —como en el caso de Madison—, los padres fundadores de la representación moderna nunca la vincularon a la democracia. Esta concepción de la representación moderna persistió durante todo el siglo XIX con una oposición férrea a cualquier tipo de expansión democrática. En estos términos se expresaba Thomas Macaulay, un destacado político conservador británico en 1842: «Mi firme convicción es que, en nuestro país, el sufragio universal es incompatible, no sólo con tal o cual forma de gobierno, y con todo aquello por lo que existe el gobierno; que es incompatible con la propiedad y que, en consecuencia, es incompatible con la civilización»[22].

Por lo tanto, los impulsores de los sistemas de representación modernos tenían claro que existían dos caminos divergentes en las formas políticas de organización: una vía que se podía denominar democrática identificada sobre todo con las experiencias de la Atenas antigua; por otro lado, ellos inauguraban la forma de representación moderna. La vía democrática se basaba en dos elementos fundamentales que pretendían responder a la idea de autogobierno o en palabras de Aristóteles al gobierno de los pobres libres. En primer lugar, en una democracia, el pueblo, el conjunto de aquellos que formaban el cuerpo de ciudadanos, se reunían en asamblea para tomar decisiones (lo que comúnmente se ha llamado democracia directa). En segundo lugar, el mecanismo de sorteo era fundamental a la hora de seleccionar los cuerpos de gobierno y la administración, así como la rendición de cuentas y la rotación[23]. El mecanismo de sorteo no solo había sido fundamental en la república de Atenas, sino también en Florencia o en Venecia. Este se combinaba con procesos de elección: por ejemplo, se elegía un cuerpo de magistrados de los cuales luego se seleccionaba por sorteo a los que iban a ejercer la función pública. La inclinación por el sorteo, más propiamente la combinación de sorteo y elección en las repúblicas democráticas, tenía que ver con un consenso mayoritario que concebía la elección como un mecanismo aristocrático. Esto estaba relacionado con dos cuestiones fundamentales: en primer lugar, con la capacidad de aquellos que se postulan para ser electos de utilizar el poder (económico, reputacional o político) para jugar con ventaja en la contienda electoral y perpetuarse en el poder; y, por otro lado, con las interferencias indeseadas en las elecciones realizadas por los votantes —sobornos, alteración del juicio, compra de votos, manipulación mediática—. Basándose en estos argumentos, la elección se ha considerado como un

[22] Citado en Adam Przeworsky, *op. cit.*, p. 17.

[23] Véase Jose Luis Moreno Pestaña (2021), *Los pocos y los mejores. Localización y crítica del fetichismo político*, Akal, Madrid.

instrumento que favorece a las élites desde Aristóteles, pasando por Montesquieu o Rousseau[24].

Esto no es contradictorio con el hecho de que, como agudamente señala Schmitt y luego Manin[25], la elección tiene dos potencialidades: la potencialidad aristocrática al servir como base para la representación y la potencia democrática al enmarcarse la elección dentro de un marco de delegaciones dependientes o comprometidas. Esta es la misma idea que rescata Domènech cuando insiste en la importancia del poder fiduciario —cuyo origen ve en Locke—, esto es, un poder orgánicamente vinculado a sus bases, temporal, parcial, y revocable por derecho. Por lo tanto, el rechazo de estos dos elementos —tanto el rol de gobierno de la Asamblea ciudadana como el mecanismo de sorteo— caracteriza la distancia que en origen toma el sistema representativo moderno respecto a la democracia. La antidemocracia que durante más de un siglo se impuso desde los gobiernos representativos de los Estados liberales también incluía la limitación de los derechos de voto. El pueblo, por lo tanto, se excluía tanto de la toma de decisiones —en asambleas o en consejos ciudadanos— como del proceso de elección de los representantes públicos.

Esta exclusión se centraba principalmente en dos criterios: en primer lugar, se excluía a los no propietarios —más adelante y en algunos lugares se activaron criterios de nivel educativo— y, en segundo lugar, a las mujeres. Por ejemplo, en Estados Unidos, solía exigirse la prueba de propiedad (*property* o *tax qualification*) para poder ser elector. Si bien no podía votar todo el mundo, las restricciones eran todavía mayores para poder presentarse como candidato. Este es «el principio de distinción» del que habla Manin[26] y que se llevaba a cabo mediante restricciones legales y otras fórmulas en Francia, Estados Unidos y Reino Unido. En Estados Unidos, el sufragio universal incluyendo a las mujeres no se consiguió hasta 1920 después de décadas de lucha. De forma similar ocurrió en la mayor parte de los países europeos (en Alemania en 1919, Reino Unido en 1928, España en 1931, Francia en 1944). Durante este tiempo, pervivió una distinción implícita o explícita entre ciudadanos activos y ciudadanos pasivos.

---

[24] Para un tratamiento extenso de la actualidad de esta cuestión véase Francisco Manuel Carballo Rodríguez (2024), «La experiencia de pasar de ser cualquiera a ser alguien. ¿Qué se puede esperar de las asambleas ciudadanas elegidas por sorteo?», *Res Publica. Revista de Historia de las Ideas Políticas*, 27(2), pp. 123-132.

[25] Véase Karl Schmitt (2017 [1928]), *Verfassungslehre. Elfte Auflage*, Duncker & Humblot, Berlin; Bernard Manin, *op. cit.*

[26] *Op. cit.*, p. 94.

## 4. ¿QUIÉNES ERAN LOS DEMÓCRATAS?

Como hemos visto, los teóricos del Estado liberal tenían claro que la democracia no era una buena receta para organizar la vida pública. La historia posterior a esto lo que viene a mostrar es una tensión y un conflicto entre movimientos que podríamos llamar democratizadores y pulsiones conservadoras dentro del Estado liberal[27]. La lucha específica por el sufragio es una microhistoria —la más conocida y la que más se ha dado a conocer— dentro de esta gran historia conflictiva entre democracia y Estado liberal. En el caso del Reino Unido, la misma naturaleza del cambio revolucionario que concluyó en 1688 con la llamada Revolución Gloriosa y el final de la monarquía, limitó mucho el alcance democrático de estas transformaciones. En comparación con la Revolución francesa, el giro hacia un Estado liberal en Inglaterra estuvo más marcado por la lucha entre las élites que por un levantamiento revolucionario con protagonismo de las clases populares. Aun así, los cambios revolucionarios de la Inglaterra del siglo XVII dejaron buena prueba en boca de los republicanos ingleses de la oposición entre democracia y representación moderna. La mejor síntesis de estas tensiones ha quedado reflejada en los llamados Debates de Putney que tuvieron lugar entre octubre y noviembre de 1647. Estos debates mostraron una clara tensión entre los *Levellers*, considerados más radicales y que escribieron un borrador de Constitución para Inglaterra (*The Agreement of the People*), y aquellos sectores más moderados próximos a Oliver Cromwell.

Como bien señalan autores como Ellen Meiksins Wood o Marco Revelli[28], estos debates no fueron meramente una batalla de ideas entre las élites, sino que las clases populares participaron, aunque fuera con un rol menos destacado que en Francia, en el proceso de transformación social e intelectual que se dio en la Inglaterra del siglo XVII. Los *Levellers* querían llevar más allá la cuestión de la ciudadanía, que aparecía limitada por pensadores clásicos republicanos ingleses como Harrington (1611-

[27] A nivel histórico, estos ciclos de democratización-reacción han sido ampliamente estudiados, por ejemplo véase Charles Tilly (2007), «Democratization and De-Democratization», en *Democracy*, Cambridge University Press, Cambridge, pp. 51-79. De hecho, este enfoque histórico de la democracia lleva a Tilly a sugerir una definición de esta que dista bastante de las definiciones estáticas multidimensionales que hemos descrito en la introducción de este capítulo. En concreto, Tilly propone entender las democracias como un movimiento expansivo que también se contrae del siguiente modo: «A regime is democratic to the degree that political relations between the state and its citizens feature broad, equal, protected, mutually binding consultation».

[28] Véase su presentación en The Levellers (2010), *Los Debates de Putney. En las raíces de la democracia moderna*, Capitán Swing, Madrid; Ellen Meiksins Wood, *op. cit.*

1677) anticipando la posición de Madison y otros *founders* norteamericanos en la revolución de 1787. En los términos de Harrington, la ciudadanía solo podía ser otorgada a aquellos que podían vivir por sí mismos y, por lo tanto, se entendía que si un individuo dependía de otros para vivir no se daban las condiciones necesarias para participar en la vida pública. Esta idea, tal como Harrington la planteaba, no servía para señalar y acabar con esas dependencias desigualmente distribuidas, sino para fijar una línea estricta de contención frente a la expansión democrática —naturalizando así esas dependencias—. Sin duda, los problemas que Harrington puso encima de la mesa siguen vigentes en las sociedades actuales. Por ejemplo, en las elecciones autonómicas y municipales en España en mayo de 2023 se dio un llamativo caso de compra de votos en Melilla[29]. Como en otras ocasiones, la compra de votos se centró en sectores con muy pocos recursos, con más predisposición en principio para aceptar sumas de dinero a cambio de su voto. La diferencia con la época de Harrington es que estas situaciones de dependencia que conducen a compraventa de voto se persiguen con la ley, aunque, como veremos más adelante, las dependencias siguen persistiendo.

En el seno del *New Model Army*, el nuevo ejército inglés formado en 1645 y dirigido por Cromwell, calaron propuestas más ambiciosas que la de Harrington en sintonía con los planteamientos de los *Levellers* en Londres y opuestas al férreo conservadurismo de un parlamento de corte aristocrático[30]. Entre los argumentos políticos que desarrollaron los *Levellers* se encontraba la reclamación de una «verdadera» soberanía popular. La soberanía debía residir en el pueblo, en la multitud, y no solo en un restringido parlamento como había defendido hasta entonces el republicanismo inglés. Por ejemplo, esta idea se expone en *England's Miserie and Remedie*, un panfleto anónimo publicado y distribuido en 1645 que se escribió en defensa de uno de los *Levellers* represaliados más conocidos, John Lilburne. Además de la expansión de la ciudadanía, y muy relacionada con esta idea, los *Levellers* abordaron la cuestión de la propiedad. El mismo nombre del grupo tenía que ver con esto ya que se llamaban así porque querían nivelar (*levelling*) la distribución de la propiedad. En el contexto de la Inglaterra de los cercamientos de las tierras comunales[31], la acumulación de propiedad y un incipiente capitalismo

---

[29] Véase noticia en *El País* del 29 de mayo de 2023: https://elpais.com/espana/elecciones-autonomicas/2023-05-28/el-pp-gana-por-mayoria-absoluta-en-melilla-tras-la-investigacion-de-la-supuesta-compra-de-votos-por-correo.html

[30] Ellen Meiksins Wood (2012: 232), *op. cit.*

[31] Véase Barrington Moore, Jr. (2002 [1966]), *Los orígenes sociales de la Dictadura y la Democracia: Señor y Campesino en la Formación del Mundo Moderno*, Ediciones Península, Barcelona, para un extenso análisis y discusión del proceso de los cercamientos

agrícola, los *Levellers* defendían, por un lado, la pequeña propiedad de los campesinos y, por otro, los derechos asociados al trabajo de esta. Además, se oponían a una vinculación entre los derechos de propiedad de una incipiente y pujante clase capitalista con sus exclusivos derechos políticos.

Una de las cuestiones con más implicaciones políticas durante los debates de Putney en 1647 tuvo que ver con las restricciones en el sufragio. La cuestión de quién podía votar generó una brecha importante entre sectores cercanos a Cromwell y los *Levellers*, estos últimos, por ejemplo, en voz del coronel Rainsborought[32]. Frente a la idea de que la propiedad debía ser el límite que marcaba la ciudadanía, el coronel Rainsborought y los *Levellers* planteaban que los derechos políticos debían derivarse del simple hecho de formar parte de una comunidad política. Esta idea engarzaba con un debate extenso acerca de los derechos que le correspondían por naturaleza al ser humano y que podemos localizar en una primera formulación en los debates de Valladolid de 1555, que han sido mencionados anteriormente. Por lo tanto, los *Levellers* planteaban que la multitud debía dignificarse con su inclusión en la vida civil y que esto solo podía conseguirse si se prestaba atención desde la esfera política a las condiciones económicas de producción y reproducción de la vida. Entendían que la sostenibilidad económica de las vidas y la participación cívica eran planos intrínsicamente vinculados y así debía quedar reflejado en la articulación de los derechos políticos. Las propuestas de los *Levellers* fueron finalmente enterradas en diciembre de 1648 tras su expulsión del Parlamento inglés y la posterior represión alentada por parte de Cromwell.

En las trece colonias de Norteamérica el debate sobre la democracia tuvo unas connotaciones diferentes en comparación con la vieja Europa, como explica Domènech[33]. En las colonias liberadas el grueso del cuerpo civil estaba constituido por pequeños propietarios de tierras y el «bajo pueblo» todavía estaba atado por condiciones serviles de esclavitud en el campo. Sin embargo, en los debates que se dieron en el marco de la Convención de 1787, varios de los *founders* norteamericanos atendieron los problemas asociados a la cuestión democrática. Madison planteó de modo claro que el sufragio universal podía ser un problema si la sociedad civil comenzaba a ser inundada —como él preveía— por trabajadores pobres libres, como ya había pasado en Europa. Estos proletarios no contarían con la independencia económica necesaria para asegurar el

---

en Inglaterra. Para una lectura más reciente de estos hechos véase César Rendueles (2024), *Comuntopía. Comunes, postcapitalismo y transición ecosocial*, Akal, Madrid.

[32] Ellen Meiksins Wood, *op. cit.*, p. 235.

[33] Véase Antoni Domènech, *op. cit.*, pp. 77-79.

buen funcionamiento del sistema liberal y caerían en situaciones de dependencia (argumento ya expuesto por Harrington y el republicanismo clásico inglés) o de conflicto social. Tanto republicanos democráticos como Jefferson o sectores más conservadores ejemplificados en Madison coincidían en la idea de que los trabajadores pobres caerían en situación de dependencia y los ricos dictarían su voto, lo que conduciría al dominio de la aristocracia o bien a un gobierno tiránico del pueblo.

En Francia, el problema se planteó de un modo más crudo al enfrentar más claramente, por un lado, la amenaza tiránica del Estado absoluto y, por otro, el ímpetu del pueblo organizado compuesto de proletarios libres que ocupaban las ciudades. Por esta razón, es en Francia donde se fragmenta y constituye más rápidamente un nuevo sujeto social dentro del Tercer Estado[34] surgido tras la revolución de 1789. Los intereses dispares de los sectores populares y burgueses que componían el Tercer Estado cristalizaron de modo especialmente claro y rápido en Francia debido a estas circunstancias. Este enfrentamiento se expresa de manera contundente en la aprobación por la Asamblea Nacional Francesa en 1789 de la distinción entre «ciudadanos activos» (ricos con derecho a sufragio) y «ciudadanos pasivos» (excluidos del mismo)[35]. El problema volvía a ser el mismo que se había identificado tanto en los debates de los *Founders* americanos como en los debates de Putney en Inglaterra, pero ahora en el contexto de la Revolución francesa. El dilema fundamental era si la revolución significaba asegurar las bases materiales para la participación y existencia civil de todos o si afectaba solo a la esfera política y dejaba intactas las exclusiones que operaban en la esfera civil.

La revolución social de 1789 en Francia estuvo ampliamente participada por sectores populares (artesanos, pequeños comerciantes, clases obreras emergentes). Esta participación popular adelantó las posiciones organizativas de estos sectores que pretendieron utilizar la acción colectiva para obtener derechos y mejorar sus condiciones de vida. El poder instituido después de la revolución respondió rápido, sin embargo, a este desafío, promulgando leyes que reprimían y coaccionaban a las clases populares para organizarse en pro de sus intereses comunes. A partir de la famosa Ley *Le Chapelier* de junio de 1791, se prohibían las reuniones si su propósito era defender intereses comunes vinculados a trabajos o profesiones específicas. Esto limitaba la capacidad de los sectores popu-

[34] El Tercer Estado aparecía como tal representado en los Estados Generales que se convocaron por última vez en Francia por el Rey antes del estallido de la Revolución francesa de 1789. Los Estados Generales franceses eran una asamblea extraordinaria compuesta por tres Estados: representantes del clero, de la nobleza y del pueblo llano, estos últimos denominándose también el Tercer Estado.

[35] *Ibid.*, p. 99.

lares y proletarios para actuar, no ya en la esfera política, sino en el ámbito social y de este modo presionar para la mejora en sus condiciones de vida y el reconocimiento de su derecho a la existencia, planteado en los términos utilizados por Robespierre.

Este conflicto entre clases más explícito y prolongado que se da en Francia hace que solo en este caso (en contraste con Inglaterra o Estados Unidos) la palabra «fraternidad» quede ligada al hecho revolucionario y el progreso hacia una sociedad mejor. Fraternidad entendida en este caso como la solidaridad necesaria para garantizar la autonomía y la libertad de todos, para que nadie dependa de terceros. En consonancia con esto, los debates sobre la democracia abiertos en Francia no se diluyeron o fueron fácilmente enterrados como en Inglaterra. Por el contrario, cristalizaron en un proyecto jacobino encabezado por Robespierre, Marat y Saint Just que representaba precisamente esas aspiraciones de los sectores populares a una vida digna de ser vivida. Robespierre entendía en 1793 que el cometido primero de la República debía ser «mantener los derechos imprescriptibles del hombre [...] el de existir. La primera ley social es pues la que asegura a todos los miembros de la sociedad los medios de existir»[36].

También es en Francia donde más claramente se observa la emergencia de dos corrientes de movilización democrática muy potentes que avanzan de modo convergente y a veces paralelo respecto al movimiento obrero. Por un lado, la reclamación del reconocimiento de las mujeres como parte de la ciudadanía que cristalizará más adelante en las distintas expresiones del movimiento feminista. Por otro lado, ya con estos primeros impulsos del movimiento democrático, se pone en evidencia la relevancia de la cuestión colonial y la necesidad de encajar este fenómeno con los valores emergentes de la Revolución francesa: libertad, igualdad, fraternidad. Valiéndose de estos mismo lemas, la Revolución haitiana (1791-1804) en las colonias francesas supuso una reclamación también de derechos para las personas de color, el fin de la esclavitud y la sociedad de castas que existía en Haití en esos años. Sin embargo, a partir de 1795 el Termidor francés va gradualmente hundiendo y reprimiendo ese impulso democrático latente en las clases populares e institucionalizado por el proyecto robesperriano, que entierra finalmente Napoleón por medio de las armas. La mayor fuerza y el mayor desarrollo del proyecto popular francés hará que sea en este país donde su presencia reverbere con mayor claridad.

Por lo tanto, parece quedar claro que los sistemas de representación modernos se fundaron con un rechazo al menos en dos niveles de la democracia. En primer lugar, en las formas institucionales de gobernanza se optaba por el sistema de elección y por la separación entre la esfera

---

[36] Citado en Antoni Domènech, *op. cit.*, p. 104.

política y la esfera civil. El sistema de elección como forma de vincular a los representantes con los representados excluía cualquier otro mecanismo democrático como dar un rol explícito y claro para la asamblea de ciudadanos o un sistema de sorteo para seleccionar a magistrados o funcionarios. Además, se efectuaba una separación entre la esfera civil y la esfera política que fue central para resolver el problema de inclusión/exclusión de los pobres en la vida pública. El hecho de excluir los procesos de apropiación y explotación económica de la esfera política fue uno de los pilares del moderno modelo de gobierno representativo[37]. El segundo nivel de oposición de los sistemas de representación frente a la democracia se expresó en la restricción del sufragio, a partir de criterios de propiedad, de renta, o educativos. En el siguiente apartado vamos a describir brevemente como estos dos niveles de oposición cristalizan a lo largo del siglo XIX en un conflicto político central para la definición de las democracias contemporáneas: la lucha de las clases populares y proletarizadas.

## 5. EL LARGO SIGLO XIX Y «EL PROGRAMA DEMOCRÁTICO»

El cierre termidoriano en Francia, como lo fue en su momento la victoria e imposición de los sectores cercanos a Cromwell en la Inglaterra del siglo XVII, supuso una reorganización de las fuerzas democráticas. En muchos casos el paso a la clandestinidad, la retirada, pero al mismo tiempo esas tensiones iniciales en el nacimiento de la representación moderna van a ser la huella que sirva para orientar las luchas democráticas durante todo el siglo XIX. La lucha por el sufragio, por un lado, pero también, la crítica más general a las formas elitistas de representación en el Estado liberal. La conjunción de objetivos específicos, como el sufragio o las mejoras salariales, y otros de calado más profundo que planteaban un cambio de base radical del equilibrio y conflicto de clases, es clave para entender el movimiento democrático durante el siglo XIX.

Francia ejemplifica de forma muy clara la continuidad en forma y contenido de las luchas populares frente a los sistemas representativos. En

---

[37] No es posible abordar con el detenimiento necesario en este libro los procesos de expropiación y privatización que se dieron con el surgimiento de los Estados liberales y el nacimiento de la sociedad moderna. Sin embargo, su reflejo en la exclusión de los asuntos económicos de la vida parlamentaria y política da cuenta de su importancia y de cómo estos aspectos están entretejidos: por un lado, una esfera política en la que hay asuntos que quedan excluidos de partida y, por otro, procesos de apropiación privada de recursos y de desposesión de las grandes mayorías. Un aspecto no se entiende sin el otro y son dos caras de un mismo proceso. Para ahondar en la dimensión económica véase el trabajo de Ellen Meiksins Wood (2016), *op. cit.*

este país, la reconfiguración de la lucha democracia *versus* Estado liberal comenzó a partir de julio de 1794 con el golpe de termidor contra Robespierre. A partir de este momento el Estado fue estableciendo medidas antidemocráticas para desembocar finalmente en la nueva Constitución de 1795. En esta Constitución se suprimía el sufragio universal pleno, establecido en la primera República y se garantizaba una república restringida bajo el dominio de los propietarios. La cuestión material de la propiedad siempre estuvo unida a una caracterización más sutil de la competencia intelectual como requisitos para participar políticamente en la República. La propiedad facultaba a los ciudadanos para ser independientes y tener iniciativa propia y esto a su vez garantizaba tiempo para pensar y discurrir acertadamente acerca de los problemas y los retos de la República. El desarrollo de la reacción y el afianzamiento de la propiedad como base de la ciudadanía llevó a un giro autoritario con el golpe de Napoleón en diciembre de 1799. Después de la aventura napoleónica que duró hasta 1815 y barrió todo aliento social democrático, las potencias europeas intentaron restituir en 1815 la monarquía borbónica en Francia. Digo intentaron, porque las siguientes décadas en Francia estuvieron marcadas por el crecimiento de la presión revolucionaria democrática que se expresó de manera contundente en la revolución de 1830 y en toda Europa con la primera revolución de carácter obrero en 1848.

Antes de adentrarnos en el impacto y el significado de esta corriente revolucionaria democrática, es necesario perfilar los cambios que se dieron a partir del Código Civil Napoleónico que sería la forma de integración social de las clases populares en la naciente sociedad capitalista. Las clases subordinadas del antiguo régimen pasaron, por un lado, vía la adquisición de propiedades, a ser pequeños propietarios con las expropiaciones y amortizaciones que se dieron sobre todo en el período democrático de la Revolución francesa. Por otro lado, la gran mayoría de los sectores populares fueron jurídicamente reconocidos como sujetos libres y propietarios solo de su fuerza de trabajo y, por lo tanto, impelidos a venderla libremente en el mercado. Esto, aunque hoy en día parezca un elemento natural de nuestro mercado laboral, supuso un cambio muy relevante para entender la nueva reconfiguración del derecho y las relaciones sociales en la sociedad napoleónica. Por lo tanto, la nueva composición social, institucionalmente sancionada por el Código Napoleónico, estaba formada por propietarios —obviamente con claras diferencias entre ellos— y por proletarios libres en un número creciente (con grandes movimientos migratorios). Fueron estos últimos los que tomarían el relevo a la hora de protagonizar los siguientes empujes del movimiento democrático ya que la libertad *de iure* como proletarios les abocaba al arbitrio de los propietarios de la incipiente empresa privada capitalista.

A lo largo del siglo XIX, fraguado en las luchas antidemocráticas, el Estado liberal se va consolidando y va generando un aparato crecientemente preciso y sofisticado de representación, de dominio y de derecho[38]. El Estado liberal se consolida primero en Francia y Gran Bretaña como máquina que sirve para engrasar un ascendente aparato productivo que recompone las fuerzas sociales a su alrededor. El capital, en este siglo XIX, es el patrón relacional que empieza a marcar la vida y las luchas sociales de la época, reorganizando las pautas de vida, producción y reproducción de la misma. Por lo tanto, el eje franco-británico y esta particular vertebración de la sociedad fue la que marcaría la pauta del largo siglo XIX que a su vez tuvo consecuencias para el desarrollo del siglo XX. Por otro lado, la restauración borbónica en Francia tuvo un efecto específico en la rearticulación de las fuerzas sociales democráticas. El liberalismo, un conjunto de ideas o postulados filosóficos y políticos que habían servido de sustrato ideológico para la Revolución francesa, empezaba a tomar un sentido más moderado en su mirada retrospectiva hacia la revolución. Los liberales del siglo XIX aceptaban la monarquía constitucional como el equilibrio necesario para que los excesos democráticos de la revolución no llevaran al desastre y al terror[39].

La primera erupción revolucionaria después de la restauración borbónica tuvo lugar en 1830 y respondió, por un lado, al giro reaccionario de Carlos X y, por otro, a la crecientemente negativa situación económica en Francia. Sin embargo, esta revolución duró solo tres días y sirvió para que la versión liberal moderada se impusiera definitivamente en el Estado francés a costa de las intenciones reaccionarias que todavía persistían. Aunque la revolución no tuvo realmente una dirección política por parte de las clases populares, sí que sirvió para señalar los límites del menoscabo democrático que las clases dominantes en Francia podían llegar a ejercer sobre los sectores populares y no propietarios. Por lo tanto, la Monarquía de Julio salida de la revolución de 1830 se mantuvo en un precario equilibrio entre el descontento de las masas y la indignación de los sectores reaccionarios. Este episodio en Francia tuvo también eco en otros países como Bélgica o Gran Bretaña con un impulso reformista, aunque siempre ceñido a un Estado liberal marcadamente aristocrático y restringido para las clases populares.

La revolución de 1848, sin embargo, sí que marca un antes y un después para entender el movimiento democrático en el siglo XIX. Las masas proletarias hasta entonces no habían demostrado una voluntad de lide-

[38] Véase Inmanuel Wallerstein, *op. cit.*, p. 52; Ernest Mandel (1992: 153-155), *Power and Money*, Verso Books, London.

[39] Véase Inmanuel Wallerstein, *op. cit.*, p. 90.

razgo político, sino más bien unas demandas que permitiesen su integración política en el nuevo régimen auspiciado por el Estado liberal[40]. Por ejemplo, las demandas del cartismo inglés contenidas en el *People's Charter* de 1838 solicitaban principalmente una igualación de los distritos, la eliminación de la demostración de propiedad para ser electo, sufragio universal masculino, o salarios públicos para los representantes políticos[41]. Este tipo de demandas restringidas a una integración política de las masas proletarias se estrellaron una y otra vez contra la represión inequívoca del Estado liberal, hasta el debilitamiento y la extinción del cartismo inglés, y los movimientos de corte similar en otros países.

En febrero de 1848, todavía sin una orientación clara en sus objetivos finales, las masas de proletarios, pequeños comerciantes y artesanos, lograron derrocar la Monarquía de Julio en Francia, aupándose en un malestar que venía germinando tras la decepción de 1830. Este hecho provocó réplicas revolucionarias en casi todos los Estados europeos cada una con sus condiciones y efectos particulares. En este caso, aunque seguía habiendo una exigencia fundamental de integración política[42], las masas se revolvían también contra su desposesión, su explotación y finalmente su abandono ante el creciente desempleo. El movimiento democrático se iba convirtiendo, sobre todo a partir de 1830, no ya tanto en una lucha de ideas dentro del liberalismo, sino en la constitución de un sujeto político con nombre propio, el proletariado. Esta clase se fraguó en una dinámica de revolución y contrarrevolución, de resistencia a la compulsión económica del mercado[43] (migraciones, condiciones de trabajo, proletarización). Como plantea Thompson[44], antes de que la clase obrera se reconociese como tal, ya se había desarrollado una dinámica de lucha de clases y acción-reacción frente a las compulsiones del capital junto a fenómenos de solidaridad y acción colectiva por parte de las masas proletarizadas.

Del mismo modo, esta separación entre el movimiento democrático y el Estado liberal supone, en un plano más teórico, una separación entre el liberalismo y lo que empezó a constituirse como una tradición socia-

---

[40] Véase Charles Tilly (1972: 228), «How protest modernized in France, 1845-1855», en W. O. Aydelotte *et al.* (eds.), *The dimensions of quantitative research in history*, Princeton University Press, pp. 192-255.

[41] Neil Faulkner (2018: 223), *A Radical History of the World*, Pluto Press.

[42] De hecho, el 6 de marzo de ese año se aprobaba el derecho al sufragio universal masculino en Francia, como consecuencia de la presión revolucionaria.

[43] Tomando prestada la expresión que da título al libro de Søren Mau, S. (2023), *Mute Compulsion: A Marxist Theory of the Economic Power of Capital*, Verso Books, London, a su vez tomada de Marx.

[44] E. P. Thompson (1978), *The poverty of theory and other essays*, Merlin, London.

lista que crecía al albor del reducido alcance de las reformas liberales[45]. Desde 1830, la intelectualidad liberal empieza a encargarse más de mantener el «orden», amenazado por la masa plebeya, que de discutir cómo asegurar la «libertad» de todos. Es muy elocuente el modo en el que un liberal como Benedetto Croce define este momento un siglo después: «los términos habían cambiado. Ya no se trataba de una lucha entre liberalismo y absolutismo, sino entre liberalismo y democracia, de su forma moderada a su forma extrema y socialista. Esta lucha, que fue la lucha verdaderamente presente y progresista del siglo XIX, se desarrolló [...] en los países que gozaban de libertad»[46].

Desde una perspectiva radicalmente distinta, Marx y Engels también quisieron expresar en el *Manifiesto Comunista*, escrito en 1848, la creciente brecha entre el movimiento democrático y el *statu quo* liberal-conservador. Los partidos comunistas, según la visión de Marx y Engels en 1848, debían constituirse como un ala dentro del más amplio movimiento democrático de la época. En sus propias palabras «los comunistas trabajan por la unión y la cordialidad de los partidos democráticos de todos los países»[47]. Por lo tanto, el terreno de discusión de la expansión de la libertad democrática se desplaza fuera del Estado liberal, al ámbito de un embrionario movimiento socialista. El movimiento socialista-democrático empieza a fijar su horizonte no tanto en una consagración «política» de las libertades anheladas, sino en la constitución de un orden social y económico nuevo[48]. La tradición socialista va creciendo y reforzándose desde 1830, pasando por la revolución de 1848 y teniendo uno de sus puntos culminantes en la Comuna de París en 1871.

Después de 1848, la restauración vino en Francia de la mano de Luis Bonaparte, el nieto del viejo Napoleón, que ensayaría la lógica plebiscitaria vía referéndum para lograr el consentimiento de las masas, después de la revolución fallida de 1848. Este experimento de «democracia plebiscitaria»[49], comenzó con el golpe de Estado de Luis Napoleón Bonaparte el 2 de diciembre de 1851. Después del golpe, el régimen bonapartista desplegó una represión generalizada por un lado y por otro la imposición autoritaria —aunque con el consentimiento vía plebiscito en algunos momentos— de las reformas para fortalecer aún más el Estado liberal y la forma dominante de organización económica. El régimen bonapartista

---

[45] Véase Inmanuel Wallerstein, *op. cit.*, pp. 129-130.

[46] Benedetto Croce (1933: 150), «History of Europe in the nineteenth century. Harcourt», Brace and Company, New York.

[47] Véase Carlos Marx y Federico Engels (2000 [1848]: 88), *Manifiesto Comunista*, Ediciones elaleph.com

[48] Véase Antoni Domènech, *op. cit.*, p. 162.

[49] Véase Inmanuel Wallerstein, *op. cit.*, pp. 147-148.

supuso el enterramiento temporal de las fuerzas democráticas que, sin embargo, resurgirían del remanente revolucionario o «excedente utópico» en palabras de Bloch[50], que permitía mantener viva la tradición democrática-socialista. Este «excedente utópico», volvió a manifestarse de forma revolucionaria en las calles de París con la histórica Comuna de 1871. La Comuna de París fue un intento más claro de perfilar un tipo de sociedad diferente de la que a nivel político, económico y social se había ido materializando tras la ruptura con las sociedades del antiguo régimen. De nuevo, el más avanzado experimento socialista-democrático hasta la fecha, era bañado en sangre con el asesinato de más de 20.000 revolucionarios en las calles de París en la última semana sangrienta de mayo de 1871[51].

El correlato en España de esta tensión revolucionaria-reaccionaria se expresa bien en los seis años que siguieron a la Revolución de 1868. La llamada Revolución Gloriosa del 68 en España activó procesos de movilización popular, ocupación de espacios públicos e integración en la esfera política de los sectores populares. Especialmente bajo el paraguas del movimiento político republicano, aunque también con sectores incipientes del movimiento obrero y la Internacional, la población previamente excluida de la política empezaba a tomar partido. Durante el Sexenio Democrático (1868-1874) y especialmente en el período de la Primera República Española de 1873, en España se alcanzó un alto grado de auto-organización y movilización popular muy vinculado en este caso al cantonalismo y los principios que se derivaban del federalismo republicano. De forma también paralela a lo sucedido en Francia y en otros países, la reacción se manifestó en 1874 con el golpe militar del general Martínez Campos, lo que bloqueó temporalmente los avances del movimiento democrático-republicano en España[52].

## 6. EL SIGLO XX Y EL SUFRAGIO UNIVERSAL

Como hemos visto, el siglo XIX fue un siglo de duras batallas, idas y venidas respecto a los avances democráticos, entre ellos el derecho al voto. El sufragio universal masculino se fue asentando de forma estable a lo largo de este siglo, aunque con grandes variaciones de un país a otro (en 1848 se estableció en Francia mientras en el Reino Unido habría que esperar hasta 1918). Quedaban excluidas todavía las mujeres del derecho

[50] Ernst Bloch (2019), *Herencia de esta época*, Tecnos, Madrid.

[51] Véase Inmanuel Wallerstein, *op. cit.*, p. 208.

[52] Para un extenso y detallado estudio de este período véase la obra de Florencia Peyrou (2023), *La Primera República. Auge y destrucción de una experiencia democrática*, Akal, Madrid.

al voto y a la condición de ciudadanía política, lo que explica que el movimiento feminista se convirtiese en una de las revueltas políticas de mayor calado en este último siglo. Como se ha mencionado con anterioridad, la lucha democrática no se reducía al derecho al voto, sino que era un movimiento amplio que partía de las grandes revoluciones modernas en Europa y que fundamentalmente se basada en el objetivo de vincular la ciudadanía política y la condición social, económica y civil. Esta vinculación serviría para reconocer e incluir a grandes capas de la población que estaban quedando desplazadas como resultado de las formas de apropiación y explotación del desarrollo capitalista a lo largo del siglo XIX.

Al mismo tiempo que se consiguió el derecho de sufragio masculino (a finales del siglo XIX o principios del siglo XX), se consolidaba la constitución de una esfera política separada de la masa plebeya y unas bases electorales relativamente pasivas. El objetivo de las clases dominantes con el cambio de siglo y en un contexto de creciente poder y capacidad de penetración del Estado liberal[53] en la sociedad civil era el siguiente. Se aspiraba a que el demos dejase de ser definitivamente un sujeto activo con capacidad para ejercer el poder popular[54], y se convirtiese en un agregado pasivo con ciertos derechos individuales atribuidos. Este demos no debía estar basado en la acción colectiva o corporativa sino en la agregación de voluntades individuales supuestamente soberanas, que aparecían fragmentadas y con una esfera privada en desarrollo. Estos elementos son fundamentales para entender el diseño social de la época y se han convertido en pilares del sistema de representación que rige hoy en día. El poder, la opresión y la explotación en la esfera económica se expulsaban de la deliberación política lo que limitaba mucho que la igualdad política formal tuviese consecuencias sustantivas. Esto explica que, una vez conseguido el sufragio, la lucha fundamental del movimiento democrático-socialista fuese vincular la economía y la política, o en otros términos, democratizar la economía. Los movimientos socialistas democráticos ensayaron posiciones más gradualistas —que se llamaron reformistas en su época— o revolucionarias, pero ambas compartían este objetivo de fondo. El último cuarto del siglo XIX y el primero del siglo XX vio también nacer un nuevo instrumento político que desafió desde dentro y desde fuera la ya consolidada estructura de los Estados liberales: los partidos de masas.

Fue la época del desarrollo organizativo, tanto en el ámbito del capitalismo global —la inversión, las infraestructuras— como en el ámbito organizativo más estrictamente político. Los partidos obreros de masas

[53] Véanse análisis en este sentido en Eric J. Hobsbawm (1981: 40), *op. cit.*; Inmanuel Wallerstein (2016), *op. cit.*; o Ernst Mandel (1992), *op. cit.*

[54] Ellen Meiksins Wood Wood (2016), *op. cit.*, p. 227.

fueron la herramienta a través de la que el movimiento democrático-socialista penetró en los engranajes de la máquina del Estado no sin pocas complicaciones. Sin embargo, las organizaciones obreras se apoyaban cada vez más en la necesidad de romper y recomponer el régimen social y político de abajo a arriba, no ya tanto de rectificar la atribución de derechos desde el Estado liberal o la República. El desarrollo de un «mundo organizacional propio» por parte de los obreros permitió aumentar la distancia entre el «mundo burgués» y el «mundo proletario», que trajo consecuencias negativas y positivas. Entre las negativas, es necesario señalar el desarrollo de los primeros esencialismos obreristas, en la tendencia *lasalleana*, tan criticada por Marx, especialmente en *La Crítica del programa de Gotha* de 1875[55].

Las organizaciones de masas supusieron un avance en la capacidad del movimiento obrero para hacerse valer políticamente y fue el colapso que siguió a la lucha imperialista del capital entre 1914 y 1917 lo que planteó las condiciones propicias para un salto cualitativo en este marco de avance gradual. El desmoronamiento de parte de los Estados liberales (como el ejército o la administración) en algunos países después de la Gran Guerra aceleró la acometida del movimiento obrero. Sin embargo, las disrupciones revolucionarias acontecieron no tanto en los países centrales de Europa como en la periferia, lo que arrojó nuevas perspectivas sobre el movimiento obrero-democrático. Los primeros eventos disruptivos se dieron en las revoluciones de 1905 en Rusia y en Finlandia en 1906 y tuvieron su punto culminante en la Revolución rusa de 1917[56].

La llegada al poder de las masas plebeyas en Rusia en 1917, y posteriormente las alianzas entre partidos socialistas y partidos republicanos o liberales de izquierda para llegar al poder tanto en España como en Alemania, condujo a un intento de retomar la clásica demanda republicana nacida de la Revolución jacobina: extender la política hasta que abordará la cuestión social, civil y económica. En otras palabras, disolver la división entre una esfera política escindida, una esfera civil y una es-

---

[55] *La Crítica del programa de Gotha* fue escrita por Marx a propósito de la elaboración del programa que se iba presentar para ser aprobado en el Congreso de Gotha en el que iban a fusionarse la lassalleana Asociación General de Trabajadores de Alemania y el marxista Partido Socialdemócrata Obrero de Alemania. La crítica que Marx realiza en este texto no se dirige a atacar la fusión en sí de estas organizaciones y la conformación del Partido Socialista Obrero de Alemania sino a algunos de los postulados del programa que según Marx, provienen de los seguidores del fallecido Ferdinand Lassalle. Una de las características de los lassalleanos, o seguidores de los postulados de Lasalle, era un cierto obrerismo incipiente, por el cual se tenía una visión reduccionista y estática de la lucha de clases, así como de la función del Estado en la misma.

[56] Véase Antoni Domènech, *op. cit.*, p. 224.

fera económica. El punto de partida clave para este intento ya desde posiciones estatales fue la Revolución mexicana que plasmó sus avances democráticos en la Constitución de los Estados Mexicanos de febrero de 1917. Esta Constitución es reconocida como la primera que incluye derechos sociales y entre ellos, destaca el artículo 27 de la Constitución que establece la posibilidad de que las autoridades públicas controlen, restrinjan y orienten la apropiación y explotación de la propiedad[57].

Este artículo se reprodujo tanto en la Constitución soviética de 1918 como en la Constitución de Weimar de 1919 en Alemania y la española de 1931. A partir de la intervención pública en la gestión y distribución de la propiedad, se politizaba la relación patrono-obrero, el ámbito de relaciones sociales de explotación en la fábrica, y el previo proceso de apropiación por parte del capital privado. Este tipo de constituciones democráticas permitieron, por ejemplo, el diseño en España de la ley de reforma agraria de 1932 encabezada por Marcelino Domingo o más recientemente la reforma agraria promovida por el gobierno de Salvador Allende en Chile. Estas reformas, con todas las limitaciones y bloqueos encontrados —por ejemplo, golpes de estado militares—, tenían como objetivo abordar la cuestión de la propiedad y las relaciones capital-trabajo. Una discusión más extensa, fuera de los objetivos de este capítulo, tendría que ver con las razones por las que muchos de estos derechos constitucionales no llegaron a materializarse y el poder público fue bloqueado o paralizado, interna o externamente, en su acción.

## 7. AUGE Y DECLIVE DEL COMPROMISO DE CLASES

El primer cuarto del siglo XX, hasta la llegada de los fascismos, primero en Italia en 1922, seguido de Alemania en 1933, estuvo marcado por la lucha abierta, regular y continuada, entre fuerzas organizadas del movimiento obrero-democrático y fuerzas paramilitares o grupos armados defensores de la propiedad, antimarxistas, antisocialistas, o anticomunistas. Las contrarrevoluciones fascistas a partir del año 1922 supusieron un freno claro al movimiento obrero democratizador. Los fascistas extraían la conclusión de que el sufragio universal y la democratización de forma

---

[57] El famoso artículo 27 leía de la siguiente manera: «[...] La nación tendrá en todo tiempo el *derecho de imponer a la propiedad privada las modalidades que dicte el interés público, así como el de regular, en beneficio social*, el aprovechamiento de los elementos naturales susceptibles de apropiación, con objeto de hacer una distribución equitativa de la riqueza pública, cuidar de su conservación, lograr el desarrollo equilibrado del país y el mejoramiento de las condiciones de vida de la población rural y urbana [...]» (cursivas del autor).

más general habían sido un error al dar lugar a la lucha de clases y la división nacional. El fascismo y sus variantes fueron una forma, digamos extrema, de sacar la política de la fábrica reinstaurando el orden y la jerarquía entre patrón y obrero. Por ejemplo, incorporando a ambos a sindicatos verticales como en el caso de España a partir de 1939 y socavando así la capacidad autoorganizativa de la clase obrera. El derecho de expresión y de reunión dentro de la fábrica se eliminaba y la movilización política fuera de la misma también se limitaba mucho con restricciones claras para las asociaciones y reuniones políticas.

Como expresa el historiador Xavier Domènech Sampere, y en contra de lo que ha tendido a imponerse en el pensamiento intelectual español, las clases empresariales en España durante el franquismo no fueron «privilegiados impotentes» sino clase hegemónica que no tenía necesidad de organizarse porque ya dominaba *de facto*[58]. Por lo tanto, los regímenes fascistas fueron un cortafuegos claro al «exceso» democrático. Por otro lado, de un modo mucho más ponderado, los regímenes político-jurídicos salientes de la Segunda Guerra Mundial también establecieron ciertos cortafuegos contra el movimiento democrático. Aunque muchas veces se ha destacado el perfil antifascista de las constituciones de posguerra, y ciertamente supusieron la consolidación de los llamados estados sociales y de derecho, tuvieron también una contrapartida clara en términos de límites a la acción de la política sobre el ámbito socioeconómico[59].

A riesgo de simplificar, los regímenes político-jurídicos salientes de la Segunda Guerra Mundial en Europa occidental siguieron un modelo que se fue fraguando en Estados Unidos sobre todo en sus complicados años treinta. Una salida difícil y diferente a la europea que supo bandear mejor la amenaza reaccionaria y el avance del movimiento obrero-democrático durante estos años. Este modelo se sintetiza bien en la idea del *New Deal* que logró movilizar con éxito Theodore Roosevelt en Estados Unidos en esta época. El *New Deal* roosveltiano abordaba de nuevo la separación entre la esfera política y el campo socioeconómico. Como explica Andreu Espasa «en sus versiones más radicales, los intelectuales cercanos al *New Deal* intentaban avanzar esquemas de planificación económica que pretendían fusionar el poder político y el poder económico sobre una base democrática»[60]. Sin embargo, estas visiones que incidían

---

[58] Xavier Domènech Sampere (2022: 238-239), *Lucha de clases, franquismo y democracia. Obreros y empresarios (1939-1979)*, Akal, Madrid.

[59] *Ibid*., p. 273.

[60] Andreu Espasa (2020: 86), *Historia del New Deal. Conflicto y reforma durante la Gran Depresión*, Catarata, Madrid.

en la cogestión obrera y ponían encima de la mesa la cuestión delicada de la propiedad no fueron las que finalmente se impusieron. Las líneas fundamentales del *New Deal* se inspiraron en un programa intervencionista para estimular la demanda, rescatar o compensar a aquellos afectados por la Gran Crisis del 29 y estimular la economía, pero se alejaban de cualquier tipo de inspiración socialista[61]. En el fondo, el *New Deal* pretendía asentar un compromiso de clases fundante de un nuevo acuerdo social y político que no tocaba, sin embargo, las formas básicas de producción y distribución económica.

Este fue el esquema que siguieron las constituciones de posguerra en Europa occidental como la Ley Fundamental de la República Federal Alemana de 1949, la francesa de 1946, o la italiana de 1947. Estas Constituciones expandieron como nunca los derechos laborales y sociales, pero a la vez dejaron fuera de la acción política la cuestión de la propiedad y las formas básicas de producción y organización económica. Sirvieron para desarrollar los Estados de Bienestar en los países europeos tal como los conocemos actualmente, en España con cierto retraso debido a la dictadura franquista. La Constitución española de 1978, que tuvo como una de sus principales referencias la Ley Fundamental de Bonn de 1949, siguió un patrón muy similar, siendo un claro ejemplo de este acuerdo entre clases. Se renunciaba por un lado a la democratización de la economía, pero como contrapartida, se activaban paquetes muy ambiciosos de redistribución económica y servicios sociales y se reconocía a los sindicatos como actores concertados dentro del proceso económico.

Por lo tanto, el pacto consistía en que las clases proletarizadas renunciaban a la participación política directa en la esfera socioeconómica y esto se compensaba con una red de subsidios y servicios sociales en expansión y con limitadas oportunidades de cogestión en la empresa, mediadas por los sindicatos. Lo que se llamó reconversión industrial en España puede ser un buen ejemplo de ello: las grandes masas trabajadoras fueron desplazadas o arrojadas al desempleo a lo largo de la década de 1980, especialmente a partir de la integración de España en la Comunidad Económica Europea en 1986. Al mismo tiempo, se movilizaban lo que se llamaron los fondos estructurales —más adelante fondos de cohesión— por parte de las comunidades europeas, que servían para paliar el impacto de la adaptación de España a las necesidades del mercado europeo y global[62]. Esta época dorada de coexistencia entre capitalismo

---

[61] Carmen de la Guardia Herrero (2009: 297), *Historia de los Estados Unidos*, Sílex, Madrid.

[62] Véase Joan E. Garcés (2014: 180-185), *Soberanos e intervenidos. Estrategias globales, americanos y españoles*, 4.ª ed., Siglo XXI, Madrid.

y democracia —limitada al «mundo occidental»— empezó a tambalearse a partir de la crisis económica de los años setenta, las movilizaciones durante esta década y a finales de los sesenta, y los cambios políticos que acontecieron en los años ochenta en Europa y Estados Unidos.

Lo que se ha llamado neoliberalismo se refiere a un proceso largo y complejo que se ha dado durante las últimas décadas para revertir o alterar este modelo, este compromiso entre clases[63]. Al mismo tiempo, el conjunto de disrupciones y cambios que se viven en Europa occidental desde los años ochenta y con especial virulencia con la crisis financiera de 2008, reflejan también los efectos globales de la despolitización de la economía. En otras palabras, la contraparte de la redistribución económica dentro de lo que Étienne Balibar llama el «Estado nacional-social»[64], también significó el desplazamiento de efectos de explotación y apropiación muy significativos a otros lugares del globo. Esto es lo que comúnmente se ha venido conociendo como la deslocalización industrial o empresarial que se aceleró con las reformas neoliberales[65]. Al no poder reducir los costes de producción de forma tan fácil en el «Estado nacional-social», debido al pacto social y al movimiento obrero, las empresas trasladan sus centros de producción a otros países donde este pacto no rige.

Uno de los eventos más catastróficos, y que de forma fugaz pero contundente llamó la atención de las sociedades civiles occidentales, fue la masacre de Rana Plaza, en Bangladesh. En abril de 2013 un complejo de empresas textiles ubicado a las afueras de Dhaka se derrumbó dejando más de 1.100 muertos y cerca de 2.000 heridos. Este fue un hecho impactante y aparentemente ajeno a la discusión pública de las sociedades occidentales. Según iban saliendo a la luz los detalles del suceso, como que los daños y el mal estado del edificio eran conocidos por todo el mundo pero que se forzó a los trabajadores a entrar, surgían más preguntas que debían afectar a cualquier sociedad civil democrática: ¿Cómo se podía llegar a tal grado de crueldad con el mero objetivo de producir prendas más baratas para su consumo en las sociedades occidentales? La respuesta es que el derecho del trabajo que todavía rige en el mundo laboral occidental no opera en otros lugares del globo, donde lo que manda es la libertad dentro de la

---

[63] Véase, por ejemplo, el análisis que lleva a cabo Wendy Brown identificando el auge del neoliberalismo, entre otras cosas, como un movimiento des-democratizador, que tiene como objetivo último restringir la democracia. Wendy Brown (2019), *In the Ruins of Liberalism. The rise of undemocratic politics in the West*, Columbia University Press.

[64] Étienne Balibar (2018: 168-169), «La forma nación: historia e ideología», en Balibar, Étienne e Immanuel Wallerstein, *Raza, nación, clase. Las identidades ambiguas*, Dirección Única, Barcelona, pp. 157-192.

[65] Para una discusión más extendida de esta cuestión véase Luc Boltansky y Arnaud Esquerre (2022: 22-26), *Enriquecimiento*, Anagrama.

empresa del patrón, la *loi de famille* que menciona Domènech[66] y que el fascismo reestableció temporalmente en Europa.

Como ha señalado Stephan Lessenich, las democracias liberales se han logrado estabilizar dentro de unos límites y de este modo externalizan una serie de problemas asociados a su modo de producción y reproducción de la vida[67]. Por ejemplo, los procesos masivos migratorios empiezan a llamar a la puerta del «mundo occidental» de forma cada vez más escandalosa, como se puede observar con el fenómeno de las caravanas de migrantes que se organizan para acercarse y protestar en la frontera de Estados Unidos[68]. La exclusión de las masas migrantes, desplazadas entre otras cosas por el proceso de explotación para la valorización del capital a nivel global y por los efectos medioambientales devastadores que esto provoca, es uno de los límites de las democracias liberales que señala Lessenich. La respuesta de la Unión Europea y Estados Unidos es principalmente endurecer las medidas de control en las fronteras, pero cada vez resulta más inefectiva y más moralmente inaceptable esta vía. Además, las democracias liberales occidentales tienen cada vez más dificultades para «externalizar» sus costes sin que esto pase factura a nivel nacional. Desde principios de los años 2000, después del ascenso que parecía imparable de Jörg Haider en Austria y Jean-Marie Le Pen en Francia, se ha articulado un fenómeno de presión interna dentro de las democracias liberales. El ascenso de la derecha radical, muchas veces calificada de populista, expresa una de las reacciones más significativas respecto a la ruptura del pacto social de posguerra[69]. Sumado a esta presión interna, cada vez de forma más disruptiva, los eventos medioambientales catastróficos señalan también límites claros a la paz social de las sociedades occidentales.

## 8. EL CONTEXTO ACTUAL DEL MOVIMIENTO DEMOCRÁTICO

Uno de los argumentos de este libro es que para entender los retos y problemas de las democracias actuales es necesario utilizar el prisma que se deriva de este contexto histórico, del desarrollo, auge y caída del mo-

---

[66] Antoni Domènech, *op. cit.*, p. 444.

[67] Stephan Lessenich (2022: 93), *Límites de la democracia; La participación como problema de reparto: la participacion como un problema de distribucion*, Herder.

[68] Véase la noticia de *El País* del 26 de diciembre de 2023: https://elpais.com/mexico/2023-12-26/una-nueva-caravana-migrante-parte-desde-el-sur-de-mexico-en-navidad-y-avanza-hacia-la-frontera-con-estados-unidos.html

[69] Stephan Lessenich, *op. cit.*, p. 116.

vimiento democrático. Por un lado, en el marco de la ruptura del compromiso de clases que supuso el modelo dominante de posguerra, pero también, por otro lado, en un contexto histórico más amplio que he intentado presentar en este capítulo a partir del estudio del movimiento democrático. El hecho de utilizar la expresión «movimiento democrático» en vez de «democracia» o «régimen democrático» no es casual como hemos podido ver a lo largo del capítulo. Responde al intento de recuperar elementos fundamentales para entender la participación política y la democracia, que se pasan por alto si concebimos esta última como un régimen que fue establecido en un momento dado de la época moderna y fue perfeccionándose. Es cierto que de cara a comparar los regímenes democráticos-liberales actuales puede tener sentido establecer un concepto analítico con sus características mínimas y sus dimensiones adicionales que defina la democracia «realmente existente». En esta línea, el enfoque minimalista de Przeworsky entiende la democracia como «un sistema político en el que el pueblo elige a los gobiernos mediante elecciones y tienen una posibilidad razonable de destituir a los gobiernos en funciones»[70]. Este tipo de enfoques examinan el resto de las dimensiones coextensivas con la democracia como precondiciones para que estas elecciones libres, justas, regulares y con participación del pueblo se den. Por ejemplo, el grado de participación en las elecciones —pongamos por ejemplo que supere el umbral del 50 por 100— no se considera un elemento dentro de esta definición analítica, pero sí que potencialmente podría ser considerado como una precondición.

Sin embargo, con este capítulo he intentado mostrar que es también necesario proponer un «concepto histórico» de democracia que muestre la relación entre las dimensiones de la democracia y su estadio temporal en la actualidad. Muchas veces las definiciones que centran la atención exclusivamente en la democracia como el sistema en el que se dan elecciones libres, regulares y plurales dejan de lado cuestiones muy relevantes como los procesos de inclusión/exclusión en el cuerpo ciudadano. Por el contrario, movilizar el concepto histórico de «movimiento democrático» nos permite entender las idas y venidas de la democracia, su capacidad de institucionalizarse en algunos momentos y en algunos aspectos —la consagración del Estado liberal y las primeras cartas de derechos o la constitucionalización de la democracia social a partir de 1917— y su mutación en movimiento social disruptivo en otros contextos. Del mismo modo, la idea de movimiento democrático nos permite entender el lugar del derecho al voto y las elecciones en un contexto más amplio en el cual este fue objeto de deseo por parte de los movimientos

---

[70] Adam Przeworsky (2019), *op. cit.*, p. 5.

democráticos, pero también fue arma en manos de la defensa conservadora del Estado liberal.

Desde los primeros ensayos de consentimiento democrático con Napoleón III en Francia a partir de 1851, el voto se convirtió en una especie de «coartada democrática» usada por el Estado liberal[71]. Una coartada que es utilizada y aceptada solo cuando se dan las dos condiciones básicas para el funcionamiento de los sistemas de representación modernos. En primer lugar, la separación entre la esfera política y la esfera social y económica y, en segundo lugar, la individualización de los públicos. Estas condiciones siguen marcando actualmente las democracias liberales como se observa claramente en las reacciones típicas de los poderes representativos ante movimientos políticos que emergen desde la sociedad civil y cuestionan las instancias circunscritas para «ejercer la política». Por ejemplo, durante el movimiento social anti-austeridad conocido como 15-M en España en la primavera de 2011 y en los años de movilización que le siguieron, el partido que dirigía el gobierno en 2013 instó al movimiento a que se manifestase «con votos y no con pancartas»[72]. Con todas sus limitaciones, el movimiento 15-M planteó en su versión más disruptiva nuevas institucionalidades, nuevas instancias de democracia y representación y las élites políticas y económicas respondieron indicándoles dónde estaba circunscrita «la política».

En el contexto de este capítulo, la respuesta de las élites políticas al 15-M se traduciría en: «disuélvanse, individualícense, y no hagan política a la vez que se relacionan civil y socialmente». El cuestionamiento de esta separación fundante del Estado liberal es uno de los horizontes de cambio fundamentales del movimiento democrático sin el que no se entiende que el derecho al voto y las elecciones pasasen del campo popular plebeyo como demanda al campo conservador como dispositivo para disolver las grandes movilizaciones de masas. En definitiva, de la amplía corriente democrática descrita en este capítulo, el voto es el elemento legitimador de los actuales sistemas representativos. El voto como engranaje democrático de estos sistemas implica la exclusión de tres dimensiones que han sido fundamentales en la historia del movimiento democrático y que tienden a resurgir en los episodios de organización y lucha del mismo. En primer lugar, se excluye la autoorganización del pueblo, de las masas plebeyas como actor colectivo con capacidad de tomar parte en las decisiones políticas. La contraparte de esto ha sido el resurgir del populismo como una forma de reconvocar al pueblo como

---

[71] Véase Eric Hobsbawm (1981), *op. cit.*, p. 149.

[72] Véase la noticia de *El Mundo* del 14 de mayo de 2013: https://www.elmundo.es/elmundo/2013/05/14/espana/1368530925.html

sujeto político. En segundo lugar, se excluye el mecanismo de sorteo, es decir, la inclusión aleatoria de ciudadanos ordinarios en las formas de gobierno y administración. Frente a esto, los sistemas representativos actuales descansan en la idea de meritocracia y tecnocracia, meritocracia entendida como un criterio de valorización del esfuerzo, las habilidades y la calidad en el desempeño y tecnocracia como la selección de élites expertas.

En último lugar, se excluye la dimensión democrática que pretende poner freno, regular, o neutralizar el poder del mercado o lo que Søren Mau siguiendo a Marx, llama la «compulsión muda del mercado»[73]. Tal como lo plantea Mau, hay que entender que el poder de mercado no tiene que ver necesariamente con la coerción, la apropiación violenta de recursos, o la manipulación ideológica. El poder del mercado es también la capacidad de moldear el entorno, es decir, de transformar las condiciones materiales de la reproducción social de los sujetos. Esto sucede de dos modos fundamentales: a través de un poder vertical, que tiene que ver con la necesidad del capital de disponer de una masa dispuesta a vender su fuerza de trabajo y cuya venta está sujeta a las posibilidades variables de valorización del capital en determinadas áreas de mercado. El proceso de reconversión industrial y desmantelamiento de sectores productivos enteros en España al que se ha aludido anteriormente serviría como ejemplo. Por otro lado, los sujetos deben operar en un entorno competitivo y tanto los trabajadores como las empresas deben competir entre sí, lo que marca el tipo de integración en la sociedad.

Por lo tanto, este capítulo nos permite concluir que el desarrollo de las democracias liberales no es un proceso por el que una democracia embrionaria que fue concebida en 1789 en Francia o durante el siglo XVII inglés va desplegándose en todas sus facetas hasta alcanzar un determinado grado de madurez[74]. Tampoco fue como señala Ellen Meiksins Wood una adaptación de los principios constitucionales y los derechos individuales a la democracia[75]. Más bien, fue la democracia la que se tuvo que amoldar hasta un grado de mutación importante en sus propiedades más básicas al sistema de representación oligárquico e institucional de la época. El voto es el elemento democrático que ha sobrevivido a esta mutación y que sirve de legitimación de los sistemas representativos actuales, operando sin embargo en un contexto muy desfavorable para desplegar su potencia democrática. En palabras de Robert Michels cuando analiza la naturaleza de las democracias modernas en el año 1911: «Podemos

---

[73] Véase Søren Mau, *op. cit.*

[74] Véase Antoni Domènech, *op. cit.*, para un desarrollo más amplio de esta cuestión.

[75] Ellen Meiksins Wood (2016), *op. cit.*, p. 231.

resumir el argumento diciendo que en la vida partidaria moderna la aristocracia se complace en presentarse con apariencia democrática, en tanto que la sustancia de la democracia se impregna de elementos aristocráticos. Por una parte, tenemos a una aristocracia con forma democrática, y por la otra a la democracia con contenido aristocrático»[76].

Esta situación hace que los teóricos políticos más honestos duden al aplicar la categoría democracia a los sistemas políticos actuales. Autores como Joseph Schumpeter, Bernard Manin o el politólogo Robert Dahl con su noción de poliarquía, han planteado abiertamente el desajuste al hablar de democracia para referirse a los sistemas representativos actuales. Pero más allá del debate nominativo, lo interesante aquí es entender que las democracias liberales son el resultado momentáneo de una lucha en el que el componente democrático queda desplazado (en las tres dimensiones señaladas más arriba). Como vemos, el comportamiento de los votantes y los fenómenos de polarización que se dan en la esfera pública y en el debate político no pueden descontextualizarse y analizarse en un escenario ahistórico, equilibrado y neutral, en el que los individuos interactúan a partir de su racionalidad individual. Cuando en los siguientes capítulos analicemos los condicionantes más precisos del proceso político, tendremos la base histórica fundamental que nos informa de que los ciudadanos no expresan sus preferencias políticas meramente de forma soberana y racional. Lo que tenemos más bien es un sujeto individualizado, desgajado de sus vínculos sociales previos y su acceso a los medios de reproducción social, y facultado como comentador y votante en un campo político cercado y limitado.

El voto y la participación política de los ciudadanos, esté polarizada o no, se da en el contexto de un sistema de representación con raíces claras y elementos fundamentales que conviene entender y tener presentes. Los sistemas representativos actuales tienen unas bases constitutivas que plantean límites a la democracia y que constituyen un tipo de sujeto, individualizado y fragmentado. De acuerdo con lo expuesto en este capítulo, el individuo polarizado actúa en un escenario para nada neutral o ahistórico, sino dislocado por la resistencia de las élites económicas y políticas para democratizar los gobiernos representativos. Sin embargo, estas bases constitutivas de los sistemas representativos que limitan la democracia no son determinaciones absolutas, sino que se expresan en una relación dinámica en su contraposición con los movimientos democráticos. Esto es lo que ha hecho que las formas concretas de representación política hayan mutado desde el nacimiento del Estado liberal, y

[76] Robert Michels (1911: 55), *Los Partidos Políticos. Un estudio sociológico de las tendencias oligárquicas de la democracia moderna*, Amorrortu, Buenos Aires, 1979.

también que los partidos políticos hayan tenido distintos papeles como mediadores entre los movimientos democráticos y el Estado. En ese sentido, el siguiente capítulo explorará el papel de los mediadores, en concreto de los partidos políticos, para analizar cómo han ido mutando a lo largo de esta historia y cuál es su actual papel en relación a los movimientos democráticos.

## CAPÍTULO 2

# LA OFERTA: LOS PARTIDOS POLÍTICOS

«¡Que no, que no, que no nos representan!». Este fue uno de los cánticos y lemas más conocidos de las movilizaciones del 15 de mayo de 2011 (15-M), que se reprodujeron en otros muchos países, además de en España, contra las políticas de austeridad. Uno de los objetivos de las protestas era denunciar el mal trabajo de representación realizado por los políticos. En una protesta tan heterogénea y tan vagamente definida en cuanto al programa político, es difícil saber si se pedía una mejor representación de los políticos o se cuestionaba el sistema mismo de representación. Lo que parece más cierto es que ambas pretensiones se conjugaban y se fueron articulando en el desarrollo de las movilizaciones. Más allá del objetivo final, las protestas señalaban sin duda que los representantes no habían *actuado y hablado* adecuadamente *en representación* de los intereses y los valores de los representados[1]. En segundo lugar, el movimiento 15-M denunciaba que una de las razones que explicaban la falta de una adecuada representación de sus intereses tenía que ver con *la distancia* entre los políticos —y otras élites como grandes banqueros, que también fueron diana del movimiento— y los representados: la ciudadanía, el pueblo, la comunidad política. Una distancia que impedía la comunicación entre estos dos mundos. Desde el lado de los políticos no se alcanzaba la transparencia necesaria y desde el lado de los ciudadanos no se conseguía participar en las decisiones importantes que se tomaban sobre los asuntos colectivos.

Como hemos podido ver a lo largo del capítulo anterior, la distancia y separación entre la esfera definida propiamente como política —donde se toman las decisiones que afectan a la identificación y resolución de los

---

[1] En la teoría de la representación política clásica siguiendo a autoras como Pitkin (1967) es como generalmente se concibe la representación política democrática. Véase Hanna Pitkin (1967), *The Concept of Representation*, University of California Press.

problemas de todos—, y el pueblo o la ciudadanía se convirtió en pilar para el desarrollo de las democracias liberales y la consolidación del Estado liberal. La frontera que separa la esfera política —tanto el Parlamento como el gobierno— de la sociedad civil, es una frontera móvil y variable y objeto a su vez de la lucha política. Un ejemplo claro de esto puede ser la histórica demanda por parte del movimiento democrático de sueldos públicos para los representantes políticos. Cuando esta medida se impuso, bien entrado el siglo XX en la mayoría de los países europeos, significó mover la frontera de la esfera política para incluir el problema de las condiciones materiales y los recursos necesarios de los representantes políticos. Como es fácil imaginar, esto tenía una especial relevancia para las clases proletarizadas que no podían disponer de su tiempo para la función pública si al mismo tiempo tenían que vender su fuerza de trabajo, a no ser que existiese algún tipo de retribución pública. Además de estas reformas que ponían en el centro la frontera variable entre la esfera política y la sociedad civil, otras demandas iban aún más lejos en el cuestionamiento de esta separación. La aspiración máxima, digámoslo así, que planteó el movimiento democrático históricamente es la disolución misma de esta frontera entre la esfera política y la sociedad civil dando lugar a una sociedad civil autoorganizada que se constituye a su vez en sujeto político autónomo.

Desde la ciencia política se suele obviar la fragilidad y la movilidad de esta frontera —que se presenta como algo natural y universal— y por ello se utiliza irreflexivamente la idea de oferta política, que se separa de la demanda política. Sin embargo, el capítulo anterior nos ha ofrecido algunas pistas para comprender que la idea de oferta política se refiere a una separación que no es natural sino histórica y que se consolida con los sistemas de representación modernos. En este capítulo, vamos a partir de esta metáfora de la «oferta política» para criticarla desde dentro y desvelar su propia historicidad. La oferta política, es decir, el conjunto de instrumentos que desde el Estado se disponen para representar a los ciudadanos, ha tomado históricamente formas muy variadas. Aunque con la clara intención de superar este marco explicativo que concibe la política como un mero intercambio entre oferta y demanda, esta estructura nos sirve para orientar el análisis que queremos desarrollar en este libro. Por un lado, el objetivo es analizar si los problemas fundamentales de las democracias liberales tienen que ver con fallos en las formas de representación política: en el sistema de partidos o en la información y las posibilidades que ofrece el sistema político. Por otro lado, tendremos que examinar si nuestra capacidad para elaborar demandas convincentes y que lleguen a buen puerto es la clave para entender las limitaciones democráticas contemporáneas. O bien si es una conjunción de los dos aspectos.

Como hemos visto en el capítulo anterior, en una primera fase del Estado liberal no podía hablarse de democracia. El sufragio censitario hacía que los representantes electos estuvieran muy conectados con sus electores, ya que eran grupos relativamente pequeños de las clases altas y propietarias. Existía por lo tanto un bloqueo para el acceso de las masas trabajadoras a la esfera política. Es a partir de 1848 cuando el proceso político empieza a democratizarse con pasos hacia adelante y pasos hacia atrás tanto en la ampliación del sufragio como en otros derechos reclamados por el movimiento democrático y obrero. A partir de este momento empieza a presentarse el dilema de la representación de una manera más clara: si el sujeto político legítimo era el conjunto de la comunidad política —la nación, el pueblo, la ciudadanía—, ¿de qué manera podía representarse esa complejidad adecuadamente? Y ¿cómo se conjugaba la representación —es decir, la separación del sujeto político— y la democracia? Como respuesta a estas preguntas comienza a darse una especialización en las formas de representación (representantes de las élites, representantes del pueblo, representantes de los grupos religiosos, representantes de las regiones). En el marco de esta especialización surgen los partidos políticos en su forma moderna como la herramienta fundamental en el proceso representativo en las democracias liberales. Los partidos políticos, sobre todo con el ascenso de los partidos de masas, se desarrollan como plataformas para gestionar una representación política democrática. Es decir, para poder organizar de manera coherente una serie de preferencias y habilitar los canales comunicativos necesarios entre representantes y representados.

## 1. LA MALDICIÓN DE LOS PARTIDOS POLÍTICOS, ¿QUÉ SON Y CÓMO FUNCIONAN?

En 1987 salía publicado uno de los discos más emblemáticos de la banda de punk La Polla Records con el título *No somos nada*. En la pista dieciséis se podía escuchar una rápida y afilada canción, *Odio a los partidos*, que se convirtió en uno de los múltiples himnos de la banda de Salvatierra. Sin ánimo de realizar equivalencias, mucho antes que la Polla Records, George Washington ya alertaba de los peligros de los partidos y las facciones allá por septiembre de 1796: «La dominación alterna de una facción sobre otra, agudizada por el espíritu de venganza natural a la disensión del partido, [...] es en sí mismo un despotismo espantoso»[2]. Hoy

---

[2] Véase George Washington. George Washington Papers, Series 2, Letterbooks -1799: Letterbook 24, April 3, 1793 - March 3, 1797. Manuscript/Mixed Material. Traducción

en día parece que ese rechazo y desconfianza hacia los partidos crece imparable y aunque en países como España la participación electoral es relativamente alta, hay una tendencia generalizada en Europa a su caída[3]. El declive generalizado en el interés y la participación electoral es una tendencia de largo recorrido, por no hablar de casos más extremos como la tasa de participación en Estados Unidos de menos de un 50 por 100, o en Rumanía de alrededor del 32 por 100. Muchos politólogos analizan este fenómeno como un problema de oferta política, que traducido se refiere a que los sistemas de partidos no ofrecen la flexibilidad, diversidad o efectividad necesaria en la oferta de opciones electorales en respuesta a la demanda de los ciudadanos[4].

Se ha acusado a los partidos políticos de acaparar el poder y limitar la democracia —hasta el punto de hablar de partitocracia— monopolizando listas, así como de estar polarizando la sociedad con unos discursos identitarios y poco tolerantes[5]. Al mismo tiempo, se ha argumentado que sin los partidos políticos no sería posible la representación democrática ya que permiten una agregación y simplificación de preferencias clave para el proceso político[6]. Aquellas visiones más positivas acerca de los partidos suelen acompañarse de un aviso claro: los partidos necesitan transformarse para adaptarse al contexto de la vida política actual. Por lo tanto, de un modo u otro, todos los autores parecen coincidir en la idea de que los partidos políticos están en crisis, pero ¿debemos estar contentos o preocupados por esto? ¿Son los partidos imprescindibles para la democracia como algunos autores sostienen o un lastre? ¿Qué relación específica mantienen con la democracia? ¿Nos polarizan como votantes o sirven para paralizar o potenciar la democracia? En definitiva,

---

propia de «The alternate domination of one faction over another, sharpened by the spirit of revenge natural to party dissention, [...] is itself a frightful despotism». En https://www.loc.gov/resource/mgw2.024/?sp=240&st=text

[3] Véase Peter Mair (2014 [2002]), «In the Aggregate: Mass electoral behaviour in Western Europe 1950-2000», en *On parties, party systems and democracy: selected writings of Peter Mair*, editado por Ingrid van Biezen, ECPR Press, Essex, pp. 305-326.

[4] Véase Kay Lawson y Peter H. Merkl (2014 [1988]), *When Parties Fail: Emerging Alternative Organizations*, Princeton University Press; Frances McCall Rosenbluth y Ian Shapiro (2020), *Responsible Parties: Saving Democracy from Itself*, Yale University Press.

[5] Véase Lluis Orriols (2023), *Democracia de trincheras. Por qué votamos a quienes votamos*, Ediciones Península; Torcal, Mariano (2023), *De votantes a hooligans. La polarización política en España*, Catarata; Vallespín, Fernando (2021), *La sociedad de la intolerancia*, Galaxia Gutenberg.

[6] Desde el libro *The Semisovereign People: A Realist's View of Democracy in America* (1960) de Elmer Eric Schattschneider. Holt, Rinehart y Winston, 1960; pasando por Peter Mair (2014), *On parties, party systems and democracy: selected writings of Peter Mair*, ECPR Press, Essex; hasta el más reciente libro de McCall Rosenbluth e Ian Shapiro (2020), *Responsible Parties: Saving Democracy from Itself*, Yale University Press.

¿qué tipo de relación mantienen con la ciudadanía como cuerpo político base de la democracia?

Como sucede con otros muchos conceptos en ciencias sociales, hay un amplio debate acerca de cómo definir los partidos políticos. Centrándonos en el marco temporal del capítulo anterior, en cuanto al desarrollo de las democracias liberales y la contención de la «democracia» en la época moderna, los partidos políticos han sufrido transformaciones importantes después de las grandes revoluciones modernas y un particular momento de auge en lo que se conoció como la época de la política de masas. Durante esta época, entre finales del siglo XIX y el primer cuarto del siglo XX, se fueron consolidando las definiciones para entender qué son los partidos políticos. Estas definiciones señalaban al menos tres componentes básicos para identificar un partido político; en primer lugar, lo más obvio, los partidos se construyen a partir de organizaciones humanas cohesionadas por un propósito común. Este propósito común según muchos autores consiste fundamentalmente en la competición electoral[7] y el control o la influencia en el Estado[8] a partir de la presentación de un programa global para la comunidad política[9]. Como precondiciones de esto, el partido debe ser efectivo en la agregación de intereses, lo que implica un trabajo de identificación, absorción y organización de demandas e identidades del pueblo o ciudadanía. Cada autor o autora enfatiza más o menos alguno de estos elementos, sobre todo la dimensión de la toma del poder a nivel gubernamental frente a la representación de demandas ciudadanas y eso hace que se puedan encontrar definiciones dispares de qué es un partido político.

En lo que sí parece haber consenso, más allá de una definición específica que identifique el propósito esencial de los partidos políticos, es en una serie de funciones que estos desempeñan. En las sociedades actuales, dependiendo también de los sistemas electorales de cada país, los partidos políticos se orientan hacia cuatro cometidos fundamentales. En primer lugar, sirven para articular y simplificar las preferencias políticas e ideológicas. Por ejemplo, en la Asamblea Nacional Francesa después de la Revolución las preferencias respecto al veto real dividieron la asamblea entre un sí o un no, los partidarios del veto real o los que estaban en contra, simplificando y condensando así las preferencias. En fases posteriores estos dos bandos se solidificaron y tomaron identidad propia,

---

[7] Mair (2014: 436), *op. cit.*; Von Beyme, Klaus (1986: 16), *Los Partidos Políticos en las Democracias Occidentales*, CIS, Madrid.

[8] Anthony Downs (1957: 27), *An Economic Theory of Democracy*, Harper & Row publishers New York; Ware, Alan (1996/2004: 5), *Political Parties and Party Systems*, Oxford, University Press.

[9] Klaus Von Beyme (1986: 16), *op. cit.*

también debido a otro tipo de factores que incidieron en la formación de los partidos políticos. En segundo lugar, los partidos sirven como plataforma de lanzamiento de representantes públicos. En última instancia, esto implica la formación de gobierno o en su defecto de una oposición parlamentaria con toda una serie de funciones de participación en comisiones y debates acerca de distintos temas que atañen a la política nacional e internacional del país.

En tercer lugar, los partidos políticos sirven para representar propiamente a la ciudadanía, es decir, como altavoces de las demandas y los problemas de los ciudadanos, así como el reconocimiento de sus diversas identidades; lo que Von Beyme[10] llama «articulación de y agregación de intereses sociales». Por ejemplo, después de las movilizaciones anti-austeridad que se dieron en Europa a partir de 2011, sobre todo en el sur de Europa, varios de los partidos emergentes se inspiraron en estas movilizaciones para su programa y su práctica política. Lo que se llamó por esa época «nueva izquierda» o «izquierda populista» nutrió sus programas con propuestas provenientes de las movilizaciones anti-austeridad como por ejemplo: limitación de los salarios de los representantes públicos, financiación a través de la militancia y no de los bancos, paralización de los desahucios sin alternativa habitacional y muchas otras reclamaciones que procedían de estos movimientos. Por lo tanto, los partidos de esa «nueva izquierda» que se convirtieron en actores relevantes de la política europea a partir de 2011 aproximadamente, tomaron impulso a partir de las demandas de los movimientos de protesta ciudadanos. El cometido fundamental de representar estas demandas quedó grabado como una marca de nacimiento y también de defunción en estos partidos.

En relación con esta tercera función, se puede señalar una cuarta que tiene que ver no solo con la representación de los intereses de la ciudadanía, sino también con su movilización e integración en las instituciones políticas y civiles de forma más amplia[11]. Este último cometido de los partidos políticos es relevante porque señala que no solo sirven, o no solo deberían servir, para seleccionar las demandas de los ciudadanos y trasladarlas a la esfera política. También son plataformas que deberían habilitar la participación directa de los ciudadanos, es decir, la capacidad de los mismos de participar en la selección, elaboración, expresión y traducción de las demandas en propuestas de decisión y acción colectivas. Esto puede suceder de varias formas: por un

---

[10] Von Beyme (1986: 16), *op. cit.*

[11] Véase Seymour Martin Lipset y Stein Rokkan (2001: 234-235), «Estructuras de división, sistemas de partidos y alineamientos electorales», en *Diez textos básicos de ciencia política*, coord. por Albert Batlle i Rubio, Ariel, Barcelona.

lado, cuando el partido es una plataforma flexible y abierta que permite la incorporación y el ascenso de nuevas personas a los niveles de representación y las candidaturas para cargos públicos. Por otro lado, cuando el partido desarrolla amplias bases militantes que permiten la integración de las personas en grupos locales de discusión y elaboración de propuestas con alcance dentro de la vida orgánica del partido. Y, en tercer lugar, cuando el partido tiene un diseño organizativo que permite a sus bases militantes participar de las decisiones del partido, de sus propuestas y discusiones fundamentales. En definitiva, para que esta cuarta función se concrete es necesario que el partido tenga un diseño organizativo con democracia interna. Trataremos este punto en detalle más adelante.

En el origen y las distintas fases de los partidos políticos pesaron más o menos estas funciones y eso hace que tengan una relación cambiante con la democracia y la ciudadanía de una comunidad política. Por lo tanto, la historia de los partidos políticos es también la historia del movimiento democrático o, al menos son dos historias que se entrecruzan y alimentan mutuamente[12]. Los partidos han sido radicalmente distintos en la época en la que el sufragio y la participación política estaban muy restringidas en comparación con otros contextos de explosión de la participación política. En la época en que la democracia estaba muy contenida y limitada, hasta el último cuarto del siglo XIX, los partidos representaban facciones dentro de la clase dominante, aquella que portaba el privilegio de participar en política. Como bien explica Moisei Ostrogorsky, uno de los primeros estudiosos de los partidos políticos a comienzos del siglo XX, «gracias a su riqueza, la aristocracia terrateniente monopolizaba todos los accesos al poder público. Las funciones públicas eran en su mayoría cargos honoríficos, sin salario»[13]. Ostrogorsky pensaba sobre todo en la Inglaterra del siglo XIX, aunque esto es aplicable a todos los países europeos hasta finales de este siglo aproximadamente.

Es en Estados Unidos donde se distinguen por primera vez las formas desarrolladas de los partidos modernos. Al disfrutar de un sufragio más amplio antes de 1850 en comparación con Francia o Inglaterra, esto hizo que hubiera un mayor refinamiento organizativo de los partidos. Como

---

[12] Véase Peter Mair (2006), «Ruling the void. The Hollowing of Western Democracy», *New Left Review*, 42, noviembre-diciembre 2006.

[13] Véase Moisey Ostrogorsky (1902: 6), *Democracy and the Organization of Political Parties*, New York, Macmillan Co, traducción propia del extracto original: «Thanks to its wealth, the landed aristocracy monopolized all the approaches to public power. Public functions were mostly honorary posts, carrying no salary».

Duverger[14] apunta, «cuanto más se extiende y se multiplica el derecho al voto, más necesario se hace organizar a los electores a través de comités capaces de dar a conocer a los candidatos y de canalizar los sufragios en su dirección».

## 2. ¿CÓMO Y POR QUÉ SURGEN LOS PARTIDOS POLÍTICOS EN LA ÉPOCA MODERNA?

Los primeros partidos de la época moderna eran partidos de notables o facciones parlamentarias que representaban divisiones más o menos estables entre las élites políticas[15]. Por ejemplo, en la Inglaterra del siglo XVII las primeras facciones parlamentarias se dieron entre un grupo mayoritario cuyo voto estaba comprado por los miembros del gobierno y otro grupo minoritario de oposición[16]. Estos dos grupos fueron solidificando sus diferencias con el tiempo. En Francia, los diputados provinciales enviados a los Estados Generales previos a la Revolución francesa empezaron a juntarse y conformar sus visiones de un modo más o menos arbitrario, aunque las posiciones políticas se fueron estableciendo y consolidado poco a poco. Es ya en la Asamblea Nacional Francesa donde las distintas posiciones políticas afianzan lo que luego se plantearía como una brecha tanto en el flanco izquierdo entre jacobinos y girondinos como respecto al sector realista.

En Estados Unidos, la brecha entre las élites que conformó los primeros partidos tuvo que ver con el impulso más federalista-centralista de Hamilton y Adams, frente a la postura más reacia a la centralización de las élites reunidas en torno al partido republicano-democrático. La necesidad de expresar de manera organizada ciertas posiciones y pujar de manera efectiva por ellas cristalizó en ciertos grupos o facciones de élites, que se constituyeron como partidos de notables. En el momento en que se da una coordinación institucional entre el grupo parlamenta-

---

[14] Véase Maurice Duverger (2012 [1951]: 15-16), *Los partidos políticos*, Fondo de Cultura Económica, México D.F.

[15] Véase Richard S. Katz y Peter Mair (2014 [1995]: 396-397), «Changing models of Party Organization and Party Democracy: The Emergence of the Cartel Party», en *On parties, party systems and democracy: selected writings of Peter Mair*, editado por Ingrid van Biezen, ECPR Press, Essex, pp. 393-414. Hay quien no considera a estos grupos como propiamente partidos en el sentido moderno, véase Duverger (1951: 15), *op. cit.* o Víctor Hugo M. (2009: 45), «Partidos políticos: un ejercicio de clasificación teórica», *Perfiles Latinoamericanos*, n.º 33 (2009: 39-63), que los denomina clubes.

[16] Véase Francesco Leoni (1985), «Los partidos políticos en el Estado moderno», *Revista de estudios políticos*, n.º 45, pp. 147-154.

rio y los comités electorales para defender estas posiciones se podría hablar del surgimiento del partido[17]. Por lo tanto, en esta primera fase, el surgimiento de los partidos políticos se explica por la necesidad de expresión de conflictos y diferencias entre las élites a la hora de elegir determinadas políticas[18]. En palabras del politólogo norteamericano John Herbert Aldrich, los partidos de notables surgen como estrategias para facilitar la toma de decisiones en el campo político, así como para garantizar la consecución de los fines personales de los políticos hacia una carrera exitosa.

Las divisiones entre notables en Europa que dieron lugar a los primeros partidos políticos tuvieron como telón de fondo la Revolución francesa de 1789. En general, los posicionamientos frente a esta revolución dieron lugar a lo largo de Europa a divisiones en forma de partido entre una fracción más liberal —aquellos inclinados al progreso y la consecución de los principios proclamados en la Revolución francesa— y los primeros conservadores —aquellos que mantenían que había que frenar en aspectos fundamentales—. Aquí el terror encarnado en Robespierre se convirtió en la gran punta de lanza para el restablecimiento de al menos algunos pilares del orden antiguo: el poder de la iglesia, los privilegios, y la exclusión de las clases bajas de la política[19]. Por otro lado, también se desarrollaron facciones partidistas a partir del liberalismo, término surgido en España en torno a la actividad política que condujo a la Constitución de 1812[20]. Se extendieron, por tanto, las contiendas partidistas en Inglaterra y otros países afianzando esta oposición entre liberales y conservadores. El liberalismo, así como el mundo político conservador, desarrolló muchas variedades e incluso escisiones (como algunos partidos radicales en el ámbito nacional) pero se puede decir que establecieron una oposición fundamental al menos hasta mediados del siglo XIX.

Sin embargo, existe una segunda vía para el surgimiento de los partidos políticos que no depende tanto de la dinámica de las facciones parlamentarias y su expansión vía comités electorales. Esta segunda vía tiene que ver con lo que podríamos llamar la movilización social, que

---

[17] Véase Maurice Duverger (2012 [1951]), *op. cit.* Esta misma tesis es la sostenida por Giovanni Sartori (2012 [1976]: 48), *Partidos y sistemas de partidos. Marco para un análisis*, Alianza Editorial, Madrid.

[18] John Aldricht (2012), *¿Por qué los partidos políticos? Una segunda mirada*, Centro de Investigaciones Sociológicas, Madrid.

[19] Uno de los libros más emblemáticos de esta época y que ilustra muy bien el espíritu de los nuevos conservadores es el libro Reflections on the Revolution in France escrito por el británico Enmanuel Burke en 1790.

[20] Véase Klaus Von Beyme (1986: 38), *op. cit.*

Duverger define como la composición «exterior» de los partidos[21]. Su ilustración más clara es la formación de partidos a partir de la organización sindical y la lucha organizada de proletarios y obreros. Por ejemplo, el partido laborista británico se constituyó tras la decisión tomada en 1889 por el Congreso de las *Trade-Unions* de crear una organización electoral y parlamentaria[22]. Otros grupos de profesionales o campesinos han servido también de base para la agregación de preferencias y la conformación de un partido político que compita electoralmente. Ejemplo de ello es el famoso Partido Populista nacido en Estados Unidos a principios de la década de 1890 y que surgió del movimiento *Farmers' Alliance* (Alianza de Granjeros), un movimiento eminentemente agrario. Este movimiento se basó en la lucha de los pequeños granjeros y trabajadores contra el injusto sistema de crédito de la época y los efectos negativos de la especulación de grandes comerciantes sobre los precios y el comercio. A esto hay que añadir la acción exterior de otros grupos políticos como ligas de pensamiento o asociaciones de estudiantes que pueden ser también punta de lanza para la formación de un partido. Duverger[23] ofrece el ejemplo del «comité formado en 1876 en el 6.º distrito de París, por un grupo de estudiantes, al que se habían unido algunos obreros, para sostener la candidatura de Émile Acollas, profesor de la Facultad de Derecho, que fue el primer candidato socialista en la Tercera República».

Para identificar los conflictos fundamentales que pueden dar origen a los partidos desde el exterior, los sociólogos políticos Seymour Martin Lipset y Stein Rokkan propusieron la teoría de los *cleavages* (divisiones o fracturas). Lipset y Rokkan[24] identifican dos líneas de conflicto principales. Una, relacionada con el proceso de centralización que genera conflictos con las regiones periféricas por un lado y con los «privilegios corporativos históricamente establecidos por la Iglesia». La creación de ciertos partidos con base regionalista fue la forma de reclamar cuota de poder por parte de los propietarios y las aristocracias regionales o que residían en zonas rurales alejadas de la capital. La segunda línea de conflicto está relacionada con el proceso de desarrollo de la economía capitalista y la Revolución industrial. Esta segunda línea creó conflictos entre los antiguos terratenientes y la clase emergente vinculada a la economía

---

[21] Con esto, Duverger se refiere a exterior a los Parlamentos, es decir, a las divisiones internas entre las élites que por aquella época tenían voz en el Parlamento.

[22] Véase Maurice Duverger (p. 22), *op. cit.*; La Palombara, Joseph y Myron Weiner (eds.) (2015 [1966]: 14), *Political Parties and Political Development*, Princeton, University Press.

[23] Véase Maurice Duverger, *op. cit.*, p. 20.

[24] Véase Seymour Martin Lipset y Stein Rokkan (2001: 245-246), *op. cit.*

industrial, pero sobre todo entre los propietarios y patrones frente a los jornaleros y proletarios.

En los países de predominio del catolicismo los movimientos de oposición a la centralización del Estado —especialmente con relación a la educación y con implicaciones fuertes para el poder y la economía de la Iglesia— sedimentaron de manera más clara. Estos movimientos se transformaron en partidos con una importante tracción popular. En el caso de España, este proceso culminó con la ideología fundante del régimen franquista, el nacionalcatolicismo y previamente con el movimiento de resistencia católico durante la segunda mitad del siglo XIX. En otros países, como en Alemania, el movimiento católico también se expresó netamente en la oposición al proceso centralizador encabezado por Bismarck a partir de 1870[25]. Por ejemplo, en la Alemania en proceso de unificación nacía *Zentrum* en 1870-1, partido que sigue existiendo en la actualidad, para defender a las minorías católicas y regionales. Curiosamente, Jörg Meuthen, el exlíder del partido de derecha radical alemán *Alternative für Deutschland*, acabó recalando en *Zentrum* tras abandonar AfD en junio de 2022.

El proceso de centralización de los Estados liberales también generó conflictos vinculados a los intereses específicos del mundo agrario y el creciente mundo burgués en las ciudades que sirvió como base para la creación de partidos agrarios-conservadores. Sin embargo, estos conflictos entre distintas élites tendieron a ser temporales, como en el caso de Inglaterra donde se dio una convergencia más o menos rápida entre la aristocracia terrateniente y los propietarios de negocios. Al suavizarse este conflicto, brotó con fuerza el principal antagonismo que estructuraría la sociedad inglesa (así como también la alemana, francesa o española) en el siglo XIX y parte importante del XX: el conflicto de clases entre proletarios y capitalistas[26]. Este conflicto de clases dio lugar en todos los países europeos a partidos socialdemócratas que, con menor o mayor crudeza, pretendían representar los intereses de las masas proletarias.

La formación de los partidos a partir de movilizaciones externas al parlamentarismo, como lo plantea Duverger, genera lealtades del partido más allá del ámbito institucional formal de las democracias liberales. Es decir, abren la posibilidad de cuestionar las tres dimensiones de la democracia que quedan fuera de la constitución de las democracias liberales actuales: la constitución de la masa plebeya en sujeto político autónomo, el cuestionamiento de la separación entre la esfera política

---

[25] Véase Lipset y Rokkan (2001: 247-249), *op. cit.*

[26] Véase Lipset y Rokkan, *op. cit.*, p. 252.

y la esfera socioeconómica, y la inclusión de ciudadanos ordinarios como representantes públicos. Los partidos surgidos desde el interior de las dinámicas parlamentarias, como fracciones de la élite, aunque pueden desarrollar políticas muy avanzadas, mantienen mayores lealtades respecto a estos tres pilares de las democracias liberales, porque su propia existencia se apoya en ellos y no tienen un origen autónomo/externo.

Es necesario señalar que la distinción entre partidos desarrollados a partir de una fracción parlamentaria y partidos generados desde el exterior no se traduce en manifestaciones puras de uno u otro extremo en la realidad política. De hecho, puede darse un origen combinado de una fracción parlamentaria que da lugar a un partido y a la vez está apoyada por organizaciones externas, por ejemplo, sindicatos. Además, puede que estas dos modalidades se alternen en el tiempo para un mismo partido. Es decir, es posible que un partido político se origine a partir de movilizaciones y organizaciones externas a las instituciones de las democracias liberales pero que con el tiempo genere cambios fundamentales en sus dinámicas y empiece a pivotar fundamentalmente sobre el grupo parlamentario. Esta es una dinámica de tensión señalada de forma muy ilustrativa por el politólogo Peter Mair cuando se refiere a las tres patas (*the three faces*) de los partidos políticos: el partido sobre el terreno (*party in the ground*), el partido en el Parlamento (*party in public office*), y el partido en su estructura ejecutiva nacional (*party in central office*)[27].

## 3. LOS PARTIDOS DE MASAS

El ascenso de los partidos de masas a finales del siglo XIX es visto en su momento como una disrupción del buen funcionamiento del parlamentarismo, que funcionaba a través de pactos, deliberaciones y alternancias entre notables. El mismo Ostrogorsky[28], como analista de la época de los partidos políticos, veía en el surgimiento de los grandes partidos del siglo XX una amenaza y los contraponía a «la asociación libre, con responsabilidad individual». Este temor hacia los partidos políticos tenía un origen anterior, como hemos visto en Washington, y se remonta al menos a la época en que surgieron los dos partidos que formaban el sistema político de los Estados Unidos entre 1824 y 1840. El salto cualitativo de los partidos de notables a los partidos de masas, especialmente a partir de 1848, tiene que ver con un cambio en las funcio-

[27] Las traducciones son propias a lo largo del texto.
[28] Véase Ostrogorsky (1902), *op. cit.*

nes principales de los mismos. Ya no consiste tanto en facilitar y visibilizar una discrepancia entre las élites, sino en incorporar sectores no representados a una organización y, de modo más general, anticipar en sus modos organizativos la sociedad futura a la que se aspiraba.

Por lo tanto, los partidos de masas, especialmente aquellos que nacieron al calor del movimiento obrero-democrático, albergaban por primera vez el aliento de una sociedad nueva que iba más allá de una posición política en un tema particular. La creación de comités electorales fuertes por parte del movimiento obrero democrático era la condición necesaria para que los votos no fueran a caer de nuevo sobre las élites sociales tradicionales, como bien señala Duverger[29]. El objetivo era evitar que la fuerza de la costumbre provocase la afluencia de votos hacia los poderosos. De forma paralela, las fuerzas liberales, tradicionales o de la derecha se ven forzadas a recomponerse y competir en la capacidad para seducir o convencer a los votantes. Este es el motor principal que hace que los partidos de masas comiencen a desarrollarse. En Alemania, por ejemplo, se creó en 1861 el Partido Progresista Alemán (*Fortschrittspartei*) y en Gran Bretaña el partido conservador y el liberal comenzaron a transformarse en máquinas organizativas modernas adaptándose a la entrada de las masas en política, compitiendo de este modo con el movimiento obrero-democrático. Por lo tanto, la expansión del sufragio forzó la creación de comités electorales más poderosos y efectivos y obligó a todos los partidos, no solo a aquellos inspirados por cuestiones ideológicas y de aspiraciones igualitarias, a volcarse en la «conquista del pueblo».

Esta ampliación del sufragio, así como la autoorganización de los sectores excluidos de la participación política, se tradujo en la organización partidista de las crecientes clases proletarias. Por lo tanto, en la raíz del salto de los partidos de notables a los partidos de masas se encuentra tanto el mecanismo institucional del sufragio universal como el impulso social —patente al menos desde las revoluciones de 1848— hacia una sociedad más igualitaria e inclusiva. No es casualidad que en la literatura politológica el partido de masas prototípico suela ser el partido socialdemócrata alemán[30]. Sin embargo, este fue un proceso con más ambivalencias de las generalmente admitidas. La irrupción de la masa plebeya en la participación política supuso a la vez una victoria para las clases más desfavorecidas y un intento de control, administración y moderación de las demandas

[29] Véase Duverger (1951: 19), *op. cit.*

[30] Singularmente en el libro (parcialmente autobiográfico) escrito por Robert Michels en 1911: *Los Partidos Políticos. Un estudio sociológico de las tendencias oligárquicas de la democracia moderna*, Amorrortu, Buenos Aires, 1979.

obreras por parte de los Estados liberales. Eso explica que fuera precisamente Napoleón III, el gobernante de la época más avanzado en ese sentido, quien desarrollase una lógica plebiscitaria de gobierno y una participación controlada de las masas en política. Inspirándose en la experiencia de Napoleón III, otros políticos conservadores como Bismarck en Alemania en 1871 o Disraeli en Reino Unido en 1867 ampliaron de manera muy significativa el sufragio.

Lo hacían con la creencia de que la integración de las masas obreras en el conjunto institucional del Estado liberal —no muy liberal en esa época en Alemania— era la única manera de desactivar su potencial revolucionario[31]. Al mismo tiempo, la experiencia de Napoleón III en Francia mostraba que, con las precondiciones adecuadas, las elecciones podían servir para confirmar a aquellos que ya mantenían el poder, que contaban con prestigio y visibilidad social. Como se ha mostrado en el capítulo anterior, las lecciones acerca de los efectos de la elección en el mantenimiento del poder de las élites fueron extraídas mucho antes de la llegada de Napoléón III. Como cuenta Bernard Manin[32], en las distintas fases de la República de Florencia las capas populares identificaron claramente que la elección podía servir para reforzar a las clases dominantes por lo que se inclinaron más hacia el sorteo. Esta es la misma paradoja señalada por Lipset y Rokkan[33] por la que los partidos obreros con más apoyo popular tendieron a integrarse más en el sistema político y por lo tanto fueron domesticándose poco a poco o adaptando sus propuestas a los límites impuestos por el complejo institucional del Estado liberal. Sin embargo, estas medidas de integración en el caso del SPD alemán no fueron todo lo exitosas que se anticipó por parte de Bismarck y no impidieron la separación en dos mundos, por un lado, el mundo burgués y el mundo obrero en la Alemania de la época[34].

---

[31] Véase Stein Rokkan (2009 [1970]: 31), *Citizens, Elections, Parties: Approaches to the Comprative Study of the Processes of Development*, ECPR Press, Essex.

[32] Véase Bernard Manin (1997: 60), *The Principles of Representative Government*, Cambridge University Press: «En el entusiasmo popular por el Gran Consejo, "hombres nuevos" (*gente nuova*) y partidarios del movimiento popular fueron elegidos para altos cargos en las primeras elecciones. Pero al cabo de un tiempo las cosas cambiaron. "La novedad se desvanece poco a poco", escribe Rubinstein, "y el prestigio y la influencia de los *Ottimati* vuelven a ser cada vez mayores [...] Así, encontramos de nuevo una proporción considerable de los más altos cargos en manos de las familias que solían ostentarlos bajo los Medici y antes". En ese momento se produjo un cambio de opinión entre los elementos populares, que empezaron a creer que el sorteo estaba más a su favor».

[33] Véase Lipset y Rokkan (2001: 250).

[34] Véase Stein Rokkan (2009 [1970]: 34), *op. cit.*; Klaus Von Beyme (1986: 206), *op. cit.*; Antoni Domènech (2019: 174-185), *El eclipse de la fraternidad. Una revisión republicana de la tradición socialista*, Akal, Madrid.

## 4. BUROCRACIA Y OLIGARQUIZACIÓN EN LOS PARTIDOS POLÍTICOS

«Podemos no puede seguir siendo la formación política de cinco profesores universitarios»[35]. El principal líder del partido político Podemos, que por esa época era Pablo Iglesias, expresaba con estas palabras en febrero de 2017 los problemas que pueden llegar a tener los partidos para deshacerse de las tendencias elitistas. En el caso de Podemos, el problema no se basaba tanto en las diferencias de acceso en función del capital económico sino del capital cultural y social (en muchos casos orbitando en torno a los ambientes académicos de izquierda de la Universidad Complutense de Madrid). El secretario general de Podemos expresaba la necesidad del partido de abrirse a otros perfiles socioeconómicos y culturales en el país. Pero ¿qué había pasado en este partido? ¿Por qué existían dificultades para prever y evitar que quedase en manos de élites académicas madrileñas? La respuesta del sociólogo y politólogo Robert Michels habría sido probablemente que Podemos operaba bajo la ley de hierro de la oligarquía que según sus planteamientos afecta a todas las organizaciones humanas y en especial a los partidos.

Como puede entenderse de forma rápida, esta es una tesis ciertamente pesimista que no deja de ser iluminadora para entender algunos contextos y dinámicas políticas. El pesimismo antropológico de Robert Michels y la dominante visión negativa de los partidos políticos explican que este sea uno de los pensadores más conocidos y citados en este ámbito de estudio. Gran parte del debate acerca de la oligarquización de los partidos políticos se ha concentrado en el análisis de los partidos socialdemócratas. Esto es así debido a la aparente paradoja de crear organizaciones para expandir la democracia (el movimiento obrero democrático) que acaban frecuentemente convertidas en aparatos burocráticos escindidos de la base social que los apoya. Sin embargo, la tesis de Michels[36] no capta del todo el hecho de que los procesos de burocratización/oligarquización en los partidos socialistas no fueron lineales ni unidireccionales, sino el resultado contingente de una serie de tensiones internas.

Los partidos socialistas nacieron con la marca de la pluralidad en su seno, aglutinando una amplia variedad de agrupaciones, así como variedades regionales y diferencias entre los trabajadores. Como organizaciones

---

[35] Extracto de la entrevista realizada al líder de Podemos Pablo Iglesias, el 8 de febrero de 2017 por el medio Contexto: https://ctxt.es/es/20170208/Politica/10994/pablo-iglesias-entrevista-podemos-teatro-del-barrio.htm

[36] Recogida sobre todo en su libro sobre los partidos políticos de 1911, Robert Michels (1979 [1911]), *op. cit.*

que intentaban potenciar y consolidar el movimiento obrero-democrático, estos partidos crecieron sobre dinámicas democráticas en comparación con los partidos de la época. El objetivo era practicar la democracia interna como ensayo del cambio social que estaba por llegar al conjunto de la sociedad[37]. Para explicar por qué esta democracia interna no se expandió, y en muchos casos no perduró demasiado, la tesis más conocida es la del libro de Robert Michels, mencionado un poco más arriba, y que vio la luz en 1911. Publicado primero en alemán, el libro que llevaba el título *Partidos Políticos*, venía acompañado del subtítulo siguiente: *Estudio de las tendencias oligárquicas de las organizaciones*, si nos ceñimos al primer título alemán —en inglés y español se cambió organizaciones por democracia moderna—.

Robert Michels combinó su interés académico con una inclinación por los movimientos políticos de la época. Empezó simpatizando con el gran partido socialdemócrata alemán y acabó integrándose en el fascismo italiano, tras cambiar su residencia a Italia. El viraje de su militancia política da buena cuenta de la tesis que mantuvo e intentó desarrollar en su libro sobre los partidos políticos. Fundamentalmente, Michels consideraba que las organizaciones humanas tendían inevitablemente a una configuración oligárquica o en sus términos que había «tendencias oligárquicas inmanentes en todo tipo de organización humana que persigue el logro de fines definidos»[38]. Esto de forma lógica le llevó en su vida política a asumir la tesis fascista de que no había que combatir la desigualdad, sino integrar estas desigualdades en una forma orgánica superior con distintos niveles y jerarquías. Con la desigualdad, mejor aceptarla primero y después explotarla por el bien del todo orgánico.

En su aclamado libro, Michels fija especialmente su atención en los partidos socialistas de lo que él denomina las democracias modernas. Intenta analizar la contradicción más exacerbada en estos partidos entre proclamar un rumbo hacia la justicia social y la democracia y el surgimiento de élites privilegiadas dentro del partido: «La humanidad no puede prescindir de las "clases políticas", y por su misma naturaleza estas clases son solo partes de la sociedad»[39]. Michels sostiene que está tendencia intrínseca hacia la aristocracia se debe a un conjunto de factores técnico-administrativos, psicológicos e intelectuales. Estos factores se entremezclan en un contexto de integración de los partidos en los Estados nacionales que, según Michels, impone una serie de condiciones de efectividad que dirigen la línea y organización de estos. Las competencias técnicas del país y las vicisitudes concretas de las demandas de las clases

---

[37] Véase Von Beyme, *op. cit.*, p. 207.

[38] Véase Robert Michels, *op. cit.*, p. 56.

[39] Robert Michels, *op. cit.*, p. 63.

trabajadoras se imponen a la voluntad internacionalista y global de cambio del sistema: «Esta tendencia hacia una especialización exclusiva y absorbente, hacia el renunciamiento a toda perspectiva de largo alcance, es una característica general de la evolución moderna»[40]. Los planteamientos de Michels han tenido eco también en la politología más moderna que se ha ocupado de teorizar sobre los partidos políticos. Por ejemplo, Angelo Panebianco se hace eco en cierto sentido de los análisis de Michels para desarrollar lo que él identifica más como dilemas: el dilema entre centralización y descentralización de la organización del partido o relacionado con este, el dilema de la burocratización frente a la participación. También resonando con las tesis de Michels, Panebianco argumenta que hay ciertas ventajas de los modelos centralizados y burocratizados que tienen que ver con la eficiencia y la competitividad de los partidos en las sociedades modernas[41].

Sin duda, Michels realizó un sugerente retrato del desarrollo de las burocracias y de cómo estas se infiltraron en todo tipo de partido, incluidos los partidos socialistas. Sin embargo, posteriores estudios sobre los partidos socialdemócratas y especialmente sobre el SPD alemán han matizado y moderado las estimaciones de Michels acerca de la oligarquización inevitable dentro de los movimientos socialistas[42]. Lo más atinado históricamente es que desde el nacimiento de las primeras organizaciones socialistas, incluyendo la I Internacional fundada en 1864 y el desarrollo del partido socialista más potente de Europa (el SPD alemán[43]), se dieron tensiones entre la democracia interna y las tendencias autoritarias dentro de las organizaciones. Aunque no se puede negar una cierta tendencia histórica de las organizaciones socialistas hacia su burocratización, no es menos cierto que hay contra tendencias importantes y que esta tensión es parte consustancial del movimiento obrero-democrático. Para entender esta tensión es necesario asumir que los partidos no han sido únicamente agencias de colocación de las nuevas élites, sino que han desempeñado un papel importante integrando a sectores excluidos del proceso político. También han servido como herramientas para reordenar las relaciones de poder entre las élites y las clases trabajadoras en las democracias liberales.

---

[40] Robert Michels, *op. cit.*, p. 216.

[41] Véase Angelo Panebianco (1995[1982]), *Modelos de Partido*, Alianza Editorial, Madrid.

[42] Véase Klaus Von Beyme, *op. cit.*, p. 205; Richard S. Katz y Peter Mair (2014: 349-350), «The Evolution of Party Organizations in Europe: The three Faces of Party Organizations», en *On parties, party systems and democracy: selected writings of Peter Mair*, editado por Ingrid van Biezen, ECPR Press, Essex, pp. 349-370.

[43] Y su antecedente la Asociación General de Trabajadores de Alemania (*Allgemeiner Deutscher Arbeiterverein* en alemán) fundada en 1863.

## 5. ¿DEMOCRATIZACIÓN U OLIGARQUIZACIÓN EN LOS PARTIDOS?

Desde una perspectiva diferente a la de Michels, Katz y Mair[44] se fijan en la función de los partidos políticos como aparatos que facilitan la acción colectiva, no ya de las élites, sino del conjunto de la sociedad, y especialmente de aquellos sectores con dificultades para articular sus intereses de otro modo. Estos autores plantean que la oligarquización y la función integradora y de representación de los partidos no son opciones excluyentes, sino tensiones que se articulan en el interior de las organizaciones y que tienen que ver con la adaptación de los partidos a contextos políticos y socioeconómicos. De este modo, se introduce la idea de que existen al menos tres caras diferenciables de los partidos políticos (*the three faces of parties*[45]) que ayudan a explicar mejor estas tensiones internas.

La primera cara es la del partido con responsabilidades de gobierno u oposición (*party in public office*). Aquí el partido se dedica de manera fundamental al reclutamiento y la formación de cuadros para que se incorporen a labores administrativas, de gobierno u oposición relacionadas con el grupo parlamentario. La segunda cara de los partidos, según estos autores, es la del partido en su ejecutiva central (*party central office*), que se refiere al complejo institucional y organizativo que articula el partido a nivel nacional e internacional y que al menos en teoría responde a unos patrones y jerarquías relativamente autónomas del grupo parlamentario. Por último, el partido sobre el terreno (*party on the ground*), se refiere al conjunto de militantes, organizaciones de base y cuadros medios que sirven para conectar la organización con el conjunto más amplio de la ciudadanía en las democracias liberales. Aunque sin duda el partido aspira a ser un todo coordinado, entre estas tres caras se articulan determinadas tensiones y disputas, y algunas de ellas dibujan la oposición entre la oligarquización y la democratización del partido. Esto nos ofrece una visión mucho más matizada respecto al problema de la oligarquización. Según Katz y Mair, para entender bien el problema de la oligarquización habría que analizar las «[...] tensiones entre el partido sobre el terreno y la ejecutiva central del partido», ya que «son precisamente estas tensiones las que dan lugar a la acusación de tendencias oligárquicas en el seno de los partidos políticos»[46].

---

[44] Richard S. Katz y Peter Mair (2014), *op. cit.*

[45] *Ibid.*, p. 350.

[46] *Ibid.*, p. 351.

En un caso relativamente reciente de la política española se puede identificar claramente este tipo de disputas. El ascenso de Pedro Sánchez como líder del PSOE y desde finales de 2018 como Presidente del Gobierno de España, es una historia en la que entraron en conflicto las bases del PSOE —el partido sobre el terreno— con la dirección del partido y también con el partido como grupo parlamentario en la oposición. Lo que estaba en cuestión era el papel que debía desempeñar el PSOE como partido de gobierno y de oposición, si debía o no pactar con Podemos a su izquierda y con los grupos nacionalistas regionales o debía mirar hacia el centro derecha, con la opción de apoyar un gobierno del Partido Popular. La victoria temporal del Comité Federal del partido —la ejecutiva central—, donde por aquel entonces no tenía mayoría Pedro Sánchez, provocó la dimisión de este en octubre de 2016. La reacción de Sánchez fue lanzar una campaña de movilización de las bases del PSOE para concurrir a las primarias y finalmente consiguió torcer la voluntad de la ejecutiva central al salir victorioso de las mismas.

Volviendo a los planteamientos de Peter Mair, el politólogo irlandés desarrolla las implicaciones de que la tendencia oligárquica dentro de los partidos forme parte de sus tensiones internas. Mair plantea que los partidos han sido históricamente, en contra de la tesis pesimista de Michels, un elemento clave en la democratización de los Estados liberales. Según Mair, los partidos políticos de masas habrían sido herramientas para facilitar el avance de lo que se ha denominado en este libro como movimientos democráticos u obrero-democráticos[47].

## 6. EL DEBATE DENTRO DEL SOCIALISMO DEMOCRÁTICO

El debate acerca de las tendencias oligárquicas y la tensión entre autoritarismo y democratización dentro de los partidos también se dio en el seno mismo del movimiento socialista democrático y sus organizaciones. Esto no es sorprendente ya que, como hemos explicado en el capítulo anterior, el movimiento obrero socialista surgió como una rama del más amplio movimiento democrático, tal como lo expresan Marx y Engels en 1848 en el *Manifiesto Comunista*[48]. Por lo tanto, al menos de partida, sería razonable esperar un impulso democratizador en las orga-

---

[47] Véase también el argumento original de Schattschneider, en el que se basa Mair, y que proclama que «el fracaso de los partidos podría implicar el fracaso de la democracia, o al menos del gobierno representativo». Citado en Peter Mair (2006: 32), *op. cit.*

[48] Véase Marx, K. y Engels, F. (2000 [1848]: 88), *Manifiesto Comunista*, Ediciones elaleph.com

nizaciones socialistas o al menos un debate que justificase el hecho de que estas no fueran democráticas. Sobre esta cuestión han corrido ríos de tinta, desde las reflexiones iniciales de Marx y Engels hasta los debates que surgieron con el desmoronamiento de la Unión Soviética en 1991. En lo que sigue, se va a realizar una síntesis de los debates fundamentales acerca del problema de la democratización *versus* autoritarismo dentro de los partidos surgidos al calor del movimiento socialista.

Marx y su noción de partido (aunque muy vagamente elaborada) marcaron los inicios de las organizaciones socialistas. Para Marx el partido no debía ser una entidad orgánicamente separada de las clases trabajadoras, sino debía constituirse como una corriente dentro del movimiento real de la lucha de clases. Por eso Marx y Engels proclaman en 1848 que los comunistas solo eran una rama del más amplio movimiento democrático, porque entendían que la organización partidista solo servía para acompañar, difundir, expandir ideas, pero no para constituir sujetos políticos. El partido, según la idea de Marx y Engels debía ser solo un armazón flexible y que se pudiese descomponer y recomponer rápidamente para adaptarse a las distintas coyunturas de la lucha de clases. Esta postura se resume bien en el *Manifiesto Comunista*: «¿Cuál es la posición de los comunistas ante los proletarios en general? Los comunistas no forman un partido distinto, opuesto a los otros partidos obreros»[49]. Por lo tanto, en estos primeros pasos del movimiento socialista y permeando tanto la primera (1864) como la II Internacional (1889), había un rechazo a crear una organización que se autonomizase del movimiento real de las masas.

En esta primera época del movimiento obrero-democrático es ya posible rastrear disputas en torno al modelo de partido y la tensión entre oligarquización y democratización. Por ejemplo, las cooperativas sindicales internacionales propuestas por August Bebel en 1866, contrastan con el modelo sindical propuesto —y dirigido de forma centralizada— por Von Schweitzer desde la Asociación General de los Trabajadores de Alemania[50]. Esta disputa reflejaba una concepción divergente de la organización de los trabajadores y la relación entre la lucha política y la organización sindical y social[51]. En línea con esto, la fundación del Partido Socialdemócrata Obrero de Alemania en 1869 postulaba una organización democrática y flexible, que distaba del autoritarismo lasalleano[52]

---

[49] Véase Marx, K. y Engels, F. (2000 [1848]: 49).

[50] El antecedente del SPD alemán.

[51] Véase Montserrat Galcerán Huguet (2023: 121-122), *La invención del marxismo. Estudio sobre la formación del marxismo en la socialdemocracia alemana del siglo* XIX, Traficantes de Sueños.

[52] Ferdinand Lassalle fue el principal dirigente socialista durante esta primera época, aunque murió en 1864. Su fuerte e impresionista liderazgo le llevó a ser considerado

previo, así como de derivaciones futuras del SPD alemán. Sin embargo, tras la fusión con los lasalleanos en el Congreso de Gotha en 1875 y la fundación del Partido Socialista Obrero Alemán, la dirección se centró de forma creciente en la rama parlamentaria, y también los órganos de prensa del partido[53]. En los términos de Mair y Katz (2014), diríamos que en las últimas dos décadas del siglo XIX se da un cierto conflicto entre el partido sobre el terreno (sus bases) y su fracción parlamentaria, cada vez más forzada a contemporizar dentro de los márgenes del Estado liberal[54]. Lentamente se van bifurcando dos mundos distintos que separan a los representantes políticos del movimiento obrero del movimiento mismo con su heterogeneidad y su dinamismo, aunque confuso por momentos respecto a sus objetivos políticos. Ante esta bifurcación, y al mismo tiempo como causa y efecto de la misma, se hace más fuerte la tesis gradualista dentro de la socialdemocracia alemana, defendida de forma muy conocida por Bernstein y Kautsky[55].

Con esta tesis se defendía que el creciente éxito electoral de la socialdemocracia (26 diputados en 1884-1887 y 36 en 1890-1893) ofrecía la posibilidad de llegar a la revolución a partir de reformas graduales desde el Estado liberal. Esto es lo que Bebel llamaba «una revolución en sentido totalmente legal»[56]. Karl Kautsky fue quizá el exponente más conocido de esta versión de la socialdemocracia que, a la vez que mantenía una retórica revolucionaria, confiaba en la práctica en un despliegue cuasi-natural del proceso revolucionario. La necesidad de que madurasen las condiciones materiales de explotación y conciencia de las clases trabajadoras junto con la agudeza del socialismo científico —a cargo por supuesto de aquellos con las capacidades intelectuales requeridas— eran los ingredientes necesarios para la llegada del socialismo. Esta visión del proceso revolucionario tenía su correlato en el rol secundario que se le atribuía a la autoorganización y agitación de las masas trabajadoras, considerando toda acción positiva organizativa como un voluntarismo vacuo e inútil. El trabajo central del socialismo, siguiendo a Kautsky, consistiría

como impulsor de un modelo de organización socialista personalista y demasiado centrado en el líder.

[53] Véase Montserrat Galcerán Huguet (2023: 268), *op. cit.*

[54] El modelo de la socialdemocracia alemana, como el más poderoso de su época afecto a la evolución del movimiento obrero democrático en muchos otros países. Véase, por ejemplo, para una evolución similar con el mismo tipo de tensiones el caso de la socialdemocracia sueca: Kjell Östberg (2024: 43-45), *The Rise and Fall of Swedish Social Democracy*, Verso Books, London.

[55] Véase la polémica con Eduard Bernstein y Karl Johann Kautsky y la crítica mordaz que Rosa Luxemburgo despliega contra estos en su libro *La crisis de la socialdemocracia*, Akal, 2017 (1915).

[56] Citado en Montserrat Galcerán Huguet (2023: 270), *op. cit.*

en expandir y fortalecer al partido para «esperar» la revolución. Como consecuencia de esto los aparatos de los partidos comienzan a crecer y empieza a formarse una cada vez más densa burocracia dentro de los partidos socialistas con muchos trabajadores y pequeña burguesía a sueldo que generan sus propias dependencias materiales. Es en este contexto en el que Robert Michels empieza a concebir su famoso libro sobre la oligarquización de los partidos que sin embargo tiende a olvidar las disputas y críticas internas a esta tendencia dentro del movimiento socialista.

En el contexto de gran crecimiento del SPD alemán, cuando empieza a convertirse en una fuerza decisiva en Alemania con el cambio de siglo, se pueden identificar nuevos debates acerca del rol del partido en el movimiento socialista. Estos debates están sobre todo protagonizados por Rosa Luxemburgo de una parte con miembros de su propio partido (el SPD) y por otra con Lenin, más adelante, con el desarrollo de la Revolución rusa. Lo que Rosa Luxemburgo llama el «partido proceso» da continuidad a la idea de Marx del partido como una instancia que se va acomodando a los movimientos de las masas y sin entidad propia. Es Lenin el que sí da un salto cualitativo respecto a esta concepción cuando plantea que el partido sí debe ser una entidad separada de la clase social, una entidad que constituya y dé vida al movimiento real de la lucha de clases. El partido-estratega[57] propuesto por Lenin, parte de una idea heterogénea de las clases trabajadoras y de la necesidad de intervenir para dar forma, movimiento y dirección a la lucha de clases.

Cuando Lenin propone abiertamente la necesidad de una organización política «externa» al movimiento digamos espontáneo de las clases trabajadoras, aparecen de nuevo problemas ligados a quiénes van a formar parte del partido y cómo se van a relacionar con el resto de las clases trabajadoras. El problema en definitiva de la burocratización y oligarquización que en la literatura marxista se ha concebido con el término sustituismo. El sustituismo vendría a ser la sustitución de las clases trabajadoras por una élite desgajada y desconectada de las mismas y que acaba conformando sus propios intereses y privilegios[58]. El movimiento teórico de Lenin, que acaba con la visión más ilusoria de la espontaneidad de las masas, puede ser razonable sino vuelve demasiado rígida la necesidad

[57] Véase Daniel Bensaid (2010), *Cambiar el Mundo*, Diario Público; Tomás Callegari y Martín Mosquera (2014), «Una crítica de las "dos almas" de la teoría marxista del partido», *Viento Sur*, 14 de mayo de 2014.

[58] Véase León Trotsky (1970 [1904]: 37-40), *Nuestras tareas políticas*, Edicions internacionals Sedov; (1936: 197-201), *La revolución traicionada ¿qué es y adónde va la URSS?*, Fundación Federico Engels, Madrid; Ernest Mandel (1992), *Power and Money: A Marxist Theory of Bureaucracy*, Verso Books.

de una élite externa de directores de las masas. Como observan correctamente Callegari y Mosquera[59], en momentos de gran conflictividad política las masas trabajadoras pueden llegar a operar con gran autonomía y decisión, ampliando el horizonte político. En este sentido, el mismo Lenin plantea en *Qué hacer*[60] que sus tesis se refieren a un contexto determinado vinculado a las necesidades organizativas en Rusia.

Sin embargo, en torno a la Revolución de octubre en Rusia, las divergencias entre Rosa Luxemburgo y Lenin se hicieron más claras. La primera criticó los modelos antipluralistas de los partidos socialdemócratas y comunistas, aunque la mayor parte de estas críticas se hayan publicado póstumamente. Como ejemplo, la famosa crítica de Luxemburgo a la disolución de la Asamblea Constituyente por parte de Lenin y Trotsky, enfatizando el error de no convocar elecciones para una renovada Asamblea Constituyente en Rusia después de la Revolución de octubre de 1917. Enlazando con esta visión de Rosa Luxemburgo, autores vinculados a la IV Internacional trotskista han desarrollado posteriormente críticas del modelo de partido comunista y socialista que se consolidó en el siglo XX. Por ejemplo, Daniel Bensaid plantea que el partido de las clases trabajadoras debe ser una organización pluralista y que estimule la democracia interna[61].

En definitiva, la oligarquización de los partidos socialistas tendría que ver con la consolidación de una doble tendencia: por un lado, la burocratización de los partidos socialdemócratas siguiendo el modelo alemán sobre todo en la línea de Kautsky y, por otro lado, el despliegue del estalinismo y su influencia internacional. Como bien señala Mandel[62], el modelo estalinista de partido que se fue imponiendo en la Unión Soviética a partir de 1922 tuvo sus réplicas y sus legitimadores oficiales en los partidos comunistas europeos, como el partido comunista francés, por ejemplo. Según algunos autores el proceso de burocratización socialdemócrata y el estalinismo parten de premisas similares. Ambos desarrollos se basan en la idea de que el partido debe estar formado solo por aquellos elementos de la pequeña burguesía intelectual con capacidad para leer el proceso objetivo histórico de la lucha de clases[63]. La equivalencia entre partido y clase trabajadora da lugar a la conformación de una organización mono-

---

[59] Véase Tomás Callegari y Martín Mosquera (2014), *op. cit.*

[60] Vladimir Ilich Lenin (2010 [1902]), *¿Qué hacer? Problemas candentes de nuestro movimiento*, Ministerio del Poder Popular para la Comunicación y la Información, Caracas.

[61] Daniel Bensaid (2010), *op. cit.*

[62] Ernest Mandel (1992: 108-109), *op. cit.*

[63] Véase Ernest Mandel (1992: 103-107), *op. cit.*; Montserrat Galcerán Huguet (2023: 121), *op. cit.*

lítica que lamina todo signo de pluralidad o disidencia y que en su versión más cruda se expresa en las olas de represión estalinistas de 1934-1939 y 1949-1953.

Sin embargo, las premisas del sustituismo o la oligarquización de los partidos socialistas, estuvieron en discusión a lo largo del desarrollo del movimiento obrero-democrático, y no son una parte consustancial del mismo sino una tendencia que se impuso durante un período histórico concreto[64]. Los análisis más fecundos dentro de la tradición marxista sobre esta cuestión tienen que ver con aquellas formulaciones que, de nuevo distanciándose de Michels, huyen de una dicotomía demasiado rígida entre el partido-vanguardia y el espontaneísmo. La clave residiría en cómo esa entidad separada de las clases trabajadoras y del movimiento real obrero democrático se relaciona con las mismas. En otras palabras, de qué modo la pluralidad y el dinamismo propio de las relaciones sociales, los movimientos de protesta y la lucha política más o menos coordinada se funde con una cierta dirección, una unificación y el establecimiento de decisiones y prioridades a nivel de partido. El debate sobre la inevitabilidad de la oligarquización de los partidos en el caso del socialismo se expresa muy bien en la siguiente formulación de Victor Serge: «Se suele decir que «el germen del estalinismo estaba en el bolchevismo desde sus inicios». Pues bien, no tengo nada que objetar. Solo que el bolchevismo contenía también muchos otros gérmenes, montones de otros gérmenes, y quienes vivieron el entusiasmo de los comienzos de la primera revolución socialista victoriosa no deberían olvidarlo. Juzgar al hombre vivo por los gérmenes que la autopsia revela en su cadáver —y que puede haber llevado consigo desde su nacimiento—, ¿es algo realmente sensato?»[65].

## 7. LA CRISIS DE REPRESENTACIÓN EN LAS DEMOCRACIAS LIBERALES

El autor irlandés Peter Mair centró gran parte de su trabajo en señalar la importancia de la función representativa de los partidos: su capacidad para mediar, agregar y representar preferencias, intereses y valores de los ciudadanos que a juicio de Mair estaba en crisis y tenía importantes consecuencias para las democracias contemporáneas. Según Mair, los partidos políticos habían virado hacia una lógica que él llama procedi-

[64] Véase como ejemplo las reflexiones de Antonio Gramsci (1980: 62-64), *Notas sobre Maquiavelo, sobre la política y sobre el Estado moderno*, Ediciones Nueva Visión, Madrid.

[65] Victor Serge (1937), *From Lenin to Stalin*, Pioneer Publishers, New York.

mental, centrando la mayor parte de sus esfuerzos en la capacidad de gestión de políticas públicas y de conformación de cuadros orientados a la gestión de gobierno. Siguiendo el esquema de las tres caras propuesto por Katz y Mair[66], estaríamos ante la primacía del grupo parlamentario dentro de los partidos y la dejación del partido sobre el terreno[67].

Esto tiene su correlato en la participación política, ya que se puede observar un descenso leve pero continuado de la participación en casi todos los países europeos en el período posterior a la Segunda Guerra Mundial; entre las décadas de 1980 y 1990 es cuando se produce una caída más notable. En total, se produce una caída de 6,7 puntos en participación electoral de la década de los cincuenta hasta los noventa[68]. Si se observan todas las democracias liberales a nivel global el patrón es más claro, ya que se refleja una caída muy significativa de la participación electoral: de estar por encima del 85 por 100 a caer cerca del 65 por 100 de media en la década de 2010[69]. Existe, sin embargo, una gran variabilidad: desde sistemas como el de Rumanía cuya participación electoral solo alcanza el 32 por 100 de la población hasta democracias liberales que mantienen todavía niveles aceptables de participación como España con un 66,59 en las elecciones generales de 2023 (hay que notar que cayó en 5 puntos respecto a las generales de 2019 con un 71,76 de participación).

En paralelo a esta caída en la participación electoral, los partidos políticos han ido mutando lo que también ha tenido consecuencias para la tasa de afiliación de los partidos políticos, que ha ido cayendo de manera significativa[70]. Los estudios sobre esta cuestión muestran el contraste entre el actual perfil de los partidos políticos y aquellas organizaciones de finales del siglo XIX y primera mitad del siglo XX, que habían servido como comunidades orgánicas de las clases trabajadoras. Los clásicos partidos de masas, aunque siempre manejaban un horizonte de buenos resultados electorales, funcionaban más como un cuerpo integrado con sus bases sociales, y dependían más de ellas tanto para su fi-

---

66 Richard S. Katz y Peter Mair (2014), *op. cit.*

67 De modo similar, esto ha sido argumento por Panebianco en su análisis del cambio en las funciones de los partidos políticos. Véase Angelo Panebianco, *op. cit.*, pp. 508-509.

68 Peter Mair (2014: 310 [2002]), *op. cit.*

69 Véase «Global voter turnout has been in decline since the 1960s – we wanted to find out why», publicado en *The Conversation* el 22 de septiembre de 2021: https://theconversation.com/global-voter-turnout-has-been-in-decline-since-the-1960s-we-wanted-to-find-out-why-167775

70 Peter Mair e Ingrid van Biezen (2014: 422 [2001]), «Party membership in Twenty European Democracies, 1980-2001», en *On parties, party systems and democracy: selected writings of Peter Mair*, editado por Ingrid van Biezen, ECPR Press, Essex, pp. 415-434.

nanciación vía la cuota de militancia como para el surgimiento de cuadros y su dirección política. Según Kirchheimer[71], la primacía de los partidos de masas como modelo de partido que estructura la competición política empieza a diluirse en el período posterior a la Segunda Guerra Mundial. Es entonces cuando los grandes partidos comienzan a operar fundamentalmente en un horizonte de maximización de los votos. Por eso, Kirchheimer se refiere a la emergencia de un nuevo tipo de partido: los partidos atrapalotodo (*catch-all parties* en inglés). Este cambio se explica tanto por una mutación interna del peso de las diversas caras de los partidos como por una adaptación de los partidos a un tipo de sociedad más fragmentada e individualizada.

En palabras de Kirchheimer «los partidos atrapalotodo en Europa aparecen en un momento de desideologización que ha contribuido sustancialmente a su auge y difusión»[72]. Los programas de los partidos políticos comienzan a ser más vagos y se presentan como líneas generales con un amplio margen de maniobra en su aplicación, garantizando así la flexibilidad necesaria para generar tácticas de corto plazo de éxito electoral. La generalización de los medios de comunicación de masas, en esa misma época, marca también un cambio en las formas de comunicación política. La comunicación y relación del partido con sus bases electorales no depende tanto de procesos de socialización política lentos, sino de una identificación cortoplacista del líder más apto. En este contexto, empiezan a ser menos predecibles y estables las relaciones de adscripción e identificación de las bases de electores con los partidos políticos —que en su momento formaron un todo orgánico junto con la dirección del partido—. Los electores se desgajan de sus lealtades previas y aparece la figura del *swing voter* o elector volátil alterando al mismo tiempo las estrategias de propaganda electoral de los partidos.

Katz y Mair, con su idea de partido cártel, exploran la evolución de las organizaciones partidistas a partir de los años ochenta y se fijan en un elemento distinto, aunque puede que complementario, del señalado por Kirschheimer: el debilitamiento del partido sobre el terreno, de los lazos de los partidos con la sociedad civil debido a su creciente dependencia del Estado. La segunda faceta que Katz y Mair enfatizan en su teorización sobre el partido cártel es el estrechamiento del campo de lo político. Esto se traduce en un proceso de despolitización de la compe-

---

[71] Véase Otto Kirchheimer (2015 [1966]), «The Transformation of Western European Party Systems», en Joseph LaPalombara y Myron Weiner (eds.), *Political Parties and Political Development*, Princeton, NJ: Princeton University Press, pp. 177-200.

[72] *Ibid.*, p. 187.

tición partidista debido fundamentalmente a la delegación de cuestiones políticas —como la política económica— a instancias transnacionales como la Unión Europea. Esto da lugar a lo que denominan «una tendencia a la connivencia entre partidos»[73] (*inter-party collusion*). Las diferencias sustantivas entre los partidos van desapareciendo y lo que prima para mostrar su diferencia en campaña electoral es la contraposición entre imágenes distintas, en un juego de espectáculo que refleja lo que Bernard Manin llama «democracia de audiencias»[74].

Hay tres procesos que se activan según Katz y Mair en las democracias liberales occidentales y que hacen a los partidos más dependientes del Estado y menos dependientes de sus bases, desembocando en el modelo del partido cártel. En primer lugar, se activan una serie de subvenciones estatales a los partidos tanto directas —fondos públicos atribuidos en función del número de diputados— como indirectas —ayudas publicitarias o de difusión y propaganda—. En principio, este proceso está relacionado con la necesidad de igualar las capacidades de los partidos políticos para competir impidiendo así que únicamente puedan desembolsar sumas importantes aquellos partidos apoyados por los grandes capitales. Aunque esto puede estar en el origen de esta medida, lo cierto es que también ha generado una serie de problemas en la dependencia entre partido y Estado y no ha conseguido frenar del todo las donaciones individuales a los partidos que siguen descompensado la capacidad para competir electoralmente. Esta financiación pública conlleva, en segundo lugar, la asunción de una serie de regulaciones y normas que afectan a la organización interna de los partidos. En tercer lugar, los partidos cada vez se orientan más en su organización y funcionamiento a la victoria electoral. El número de coaliciones y posibles combinaciones entre partidos es creciente, así que cada partido que obtiene representación aspira a gobernar, lo que orienta de manera efectiva la circulación de recursos y su modelo organizativo.

Según Katz y Mair, este viraje de los partidos políticos y el equilibrio entre sus tres patas tiene una serie de implicaciones para las democracias liberales contemporáneas. Estos autores vinculan la insatisfacción con la democracia y el declive en la participación con el debilitamiento de la función representativa e integradora de los partidos políticos. El diferente encaje de los partidos respecto al Estado y la mayor individualización y fragmentación de los colectivos sociales habría llevado a una falta de integración y representación de los ciudadanos en el proceso político.

---

[73] Véase Katz, Richard S. y Peter Mair (2009: 755), «The Cartel Party Thesis: A Restatement», *Perspectives on Politics*, vol. 7, n.º 4, pp. 753-766.

[74] Véase Bernard Manin (1997), *op. cit.*

Más recientemente, esta tesis parece ser respaldada por estudios empíricos que exploran la relación entre la mutación de los partidos —junto a la crisis de los partidos de masas— y la caída de la participación electoral y la desconfianza en las instituciones[75].

## 8. LOS NUEVOS PARTIDOS EN EL SIGLO XXI

«Me da igual que lleven rastas, pero que las lleven limpias para no pegarme piojos»[76]. Así reaccionaba la vicepresidenta primera del Congreso Celia Villalobos, del Partido Popular, a la entrada de representantes públicos un poco atípicos que venían de un partido nuevo por esa época, principios de 2016. La por aquel entonces vicepresidenta del Congreso no se caracterizó nunca por su elegancia o agudeza política pero esta frase dejaba entrever la incomodidad ante el surgimiento de nuevas fuerzas políticas que alteraban el equilibrio bipartidista de la época. La cosa iba más allá de las posiciones políticas de estos partidos: eran raros, ajenos en cierto sentido a una cultura política y una estética que había dominado hasta ese momento en España. Por aquellos tiempos, como efecto de la crisis financiera de 2008 y la movilización social que le siguió, en casi todos los sistemas europeos se dieron turbulencias políticas, pero con especial intensidad en los países del sur de Europa, como España, Grecia, Portugal o Italia[77]. Fue un período de emergencia de nuevas fuerzas políticas con mucho apoyo social y también el momento de poner sobre la mesa los problemas de los viejos partidos políticos y la apuesta que los movimientos sociales traían respecto a esta cuestión.

Sabedores de que los problemas de la ciudadanía con la política y la economía tenían raíces profundas y no consistían solo en un cambio de caras, la llamada nueva izquierda o izquierda populista apostó fuerte

---

[75] Véase Heiko Giebler, Onawa Promise Lacewell, Sven Regel y Annika Werner (2018), «Decline or Change? Party Types and the Crisis of Representative Democracy», en Merkel, W. y Kneip, S. (eds.), *Democracy and Crisis*, Springer, Cham. https://doi.org/10.1007/978-3-319-72559-8_7

[76] Véase noticia publicada en *El Mundo* el 14 de enero de 2016 «Celia Villalobos, sobre Podemos: "Me da igual que lleven rastas, pero que las lleven limpias para no pegarme piojos"». https://www.elmundo.es/espana/2016/01/14/56978fc446163fc7298b45ca.html

[77] Además de Podemos en España, en esa época se consolidó el gran ascenso de Syriza en Grecia, que, aunque era un partido más viejo, se refundó ante el liderazgo de Alexis Tsipras, el anti-político Movimiento Cinco Estrellas en Italia o el Bloque de Izquierda en Portugal. Estos partidos, que no surgieron precisamente en esa época, sí aprovecharon la ola de indignación popular contra la austeridad para presentarse como renovadas ofertas frente a la caduca representación política.

durante la década de 2010. El objetivo era distanciarse de la idea de «partido» y proponer un nuevo «método» de participación de la ciudadanía. Por un lado, estos partidos pretendieron eliminar o limitar su tendencia a la oligarquización, que hemos visto que responde a modelos organizativos y equilibrios de poder entre las distintas caras del partido. Por otro lado, los nuevos partidos aspiran a conectar con la gente, con la ciudadanía y no depender en exceso ni del Estado, ni de grandes corporaciones o grupos de interés para su financiación. El objetivo es revertir la desconfianza hacia los partidos y su incapacidad para servir como plataforma efectiva de representación, expresión e integración de demandas por parte de la ciudadanía. En este sentido, se retoma el término de partido-movimiento precisamente para enfatizar el surgimiento de nuevos modelos organizativos en los partidos.

La idea de partido-movimiento, que fue popularizada por Gunther y Diamond[78] en su famosa tipología de partidos políticos, se inspiró en un principio en las innovaciones organizativas de los Verdes alemanes, que adquirieron mucha prominencia a principios de siglo. Los movimientos políticos y sociales del ciclo de innovación partidista en Europa del sur entre 2014 y 2016 se hicieron eco de esta categoría para expresar la necesidad de construir organizaciones diferentes[79]. En el partido-movimiento, la dimensión movimientista tiene primacía, o al menos una relevancia significativa, en la dinámica estratégica de la organización. La dimensión movimientista se refiere aquí a la capacidad de grupos autoorganizados y coordinados de plantear movilizaciones y demandas sostenidas en el tiempo y con un impacto (directo) significativo en la esfera política. Es decir, más allá de la idea de que los movimientos a través de delegados trasladan sus demandas a los representantes de los partidos afines, son los mismos movimientos sociales y de protesta los que directamente impactan en el orden político institucional. Por lo tanto, se fuerza por la vía de la disrupción el reconocimiento de demandas e identidades ignoradas por el sistema de representación más que a través de procesos taimados y graduales de negociación.

Con la idea de partido-movimiento de fondo, estas formaciones políticas intentan innovar en las modalidades de participación interna dentro del partido —en muchos casos de forma vinculada al desarrollo de las nuevas formas de comunicación digital—. Además, estos partidos se abren a nuevas formas de reclutamiento y selección de las élites —inclu-

[78] Véase Richart Gunther y Larry Diamond, L. (2003), «Species of Political Parties: A New Typology», *Party Politics*, 9(2), pp. 167-199.

[79] Véase Nico Sguiglia (2016), «Hacia el partido-movimiento, 11 de octubre de 2016», *Viento Sur*.

sión de personas de la sociedad civil, militancia flexible, primarias abiertas—. En otras palabras, se introducen medidas con la intención de dar más poder a lo que hemos llamado el partido sobre el terreno y autonomizarlo tanto del Estado como de las lógicas del capital que median para su financiación y el diseño de políticas públicas. Por ejemplo, la plataforma digital «Plaza Podemos» fue una de las herramientas que diseñó el partido español Podemos para este cometido. Pretendía servir para que personas dentro y fuera del partido morado propusiesen y debatiesen iniciativas y propuestas concretas y así promover la toma de decisiones colectiva. Aunque tuvo un comienzo muy prometedor, la participación en esta plataforma fue decreciendo de forma simultánea al vaciamiento o estancamiento de los círculos (las agrupaciones de base *offline* del partido) y finalmente Plaza Podemos desapareció en 2019.

Al menos si nos limitamos al caso español, el último ciclo político de innovación partidista no ha tenido demasiada continuidad y no ha dado los frutos esperados. Entre las múltiples razones que se han señalado para comprender el limitado alcance de estas medidas de innovación partidista hay al menos tres principales. En primer lugar, este tipo de partidos ha tenido muchos problemas para conjugar la llamada «máquina de guerra electoral[80]» con la construcción de bases partidistas dinámicas, sostenibles y con incidencia en la vida política. Al priorizar el éxito inmediato en la contienda electoral, la vida orgánica del partido tiende a estructurarse para que las decisiones importantes corran a cargo de unos pocos. En segundo lugar, y relacionado con este último punto, el diálogo entre el «adentro» y el «afuera» del partido se va mermando gradualmente debido a la asfixia generalizada de las organizaciones de base, encargadas precisamente de buscar ese diálogo fructífero con el «afuera» del partido. En tercer lugar, se desatienden las asimetrías en cuanto a la acumulación de capital político (experiencia política), cultural y relacional. Esto acaba provocando que cada vez sea más difícil revertir la tendencia al elitismo de este tipo de organizaciones. Como concluye Deschouwer[81] «los nuevos partidos políticos son buenos indicadores del malestar con la gobernanza democrática, pero hasta ahora no han servido como remedio».

---

[80] Esta expresión se popularizó en los primeros años del partido político Podemos, especialmente de la mano del que por esa época dirigía las campañas electorales, Íñigo Errejón.

[81] Véase Kris Deschouwer (2017: 73), «New Parties and the Crisis of Representation: Between Indicator and Solution», en Philipp Harfst, Ina Kubbe y Thomas Poguntke (eds.), *Parties, Governments and Elites The Comparative Study of Democracy*, Springer, Wiesbaden, pp. 73-86.

## 9. LOS PROBLEMAS PERSISTENTES DE LOS PARTIDOS Y LA POLARIZACIÓN

Como hemos visto, la época de los partidos de masas —a finales del siglo XIX y durante el primer tercio del siglo XX— (los siglos en versalitas) permitió la incorporación de sectores populares como votantes y como participantes en el proceso político. Existía una doble implicación. El voto no significaba meramente depositar la confianza en un candidato, sino un gesto más dentro de un proceso expansivo de participación política. Aunque obviamente no todos los ciudadanos estaban integrados en organizaciones políticas de masas, la mayor centralidad de estas y su funcionamiento estructuraban la relación entre la ciudadanía y el proceso político. Esta relación apuntaba no solo a la política, sino también a lo político, concebidos en los términos de Schmitt[82]. En este sentido, la movilización de masas tuvo un poder instituyente para repensar y establecer de nuevo la frontera entre los temas y sujetos que entraban dentro de la esfera política —lo que se discutía, abordaba, y era susceptible de reforma— y los que quedaban fuera. Siguiendo a Jacques Rancière[83], esta operación política implicó también la construcción y la negociación sobre «el nosotros», en relación con el ellos.

Fue en ese contexto de crisis del restringido parlamentarismo anterior y los partidos de notables en el que los nuevos partidos tuvieron los momentos de mayor poder transformador. Por tres cuestiones principales: primero, los partidos nacidos del movimiento obrero democrático se anclaban en principios de pluralidad política e inclusión. Esto puede sonar raro, pero debemos recordar por irnos a un caso extremo que el partido bolchevique en Rusia acogió en su seno una multiplicidad de corrientes en los momentos posteriores a la Revolución de octubre como bien muestra la magistral obra de John Reed[84], o cualquier estudio riguroso de las primeras etapas después de la Revolución de octubre[85]. En segundo lugar, en los tiempos del surgimiento de los partidos de masas todavía no había mecanismos consolidados desde el Estado liberal para absorber y atemperar todas las demandas que brotaban del movimiento popular. Y, en tercer lugar, había un fuerte movimiento de lucha política que desbordaba continuamente las organizaciones partidistas. De hecho,

---

[82] Carl Schmitt (2009 [1932]), *El concepto de lo Político*, Alianza, Madrid.

[83] Véase Jacques Rancière (1996: 66-67), *El desacuerdo. Política y filosofía*, Ediciones Nueva Visión, Buenos Aires.

[84] Véase John Reed (1985 [1919]), *Diez días que estremecieron el mundo*, Ediciones Orbis, Barcelona.

[85] Véase la obra de Alexander Rabinowitch (2017), *The Bolsheviks Come to Power. The Revolution of 1917 in Petrograd*, Pluto Press, 2.ª ed.

salvo con la consolidación del SPD alemán, la historia previa de los partidos del movimiento obrero democrático fue la sucesión de inestables asociaciones, ligas u organizaciones que no tenían la capacidad de copar el movimiento obrero, sino de introducir algunas líneas estratégico-ideológicas o coordinar en un ámbito de acción muy limitado.

Estos tres elementos —inclusividad, autonomía respecto al Estado y desbordamiento popular— son los que imprimen potencia democrática a los partidos políticos y han sufrido alteraciones significativas a lo largo del siglo XX. Si bien el primero y el tercero de estos elementos tienen en cierto modo que ver con las políticas organizativas internas, por un lado, y las dinámicas de conflicto y movilización, por el otro, quizá el elemento más problemático es el segundo: la cuestión de la relación con el Estado. El debate sobre la relación de los partidos políticos con el Estado nuclear y el Estado ampliado tal como lo concibió Gramsci[86] todavía no ha tenido la atención suficiente o no ha dado con fórmulas efectivas para su resolución. El Estado siempre se define por una voluntad de reordenar, representar e integrar[87] o en términos gramscianos de mantener la hegemonía. De acuerdo con la experiencia histórica, los partidos tienen una potencia democrática en tanto sirven como instancias de expresión, movilización y coordinación más allá del Estado liberal. Esto no quiere decir no participar en elecciones, o querer la destrucción del Estado, quiere decir poner gran parte del peso organizativo en un horizonte de acción más allá de la política regulada desde el Estado.

La integración de los partidos en el Estado se da a través de subvenciones, pero también en la facilitación de la comunicación política, anuncios y regulaciones que cada vez más establecen el funcionamiento de los partidos. Como hemos visto en el capítulo anterior, el Estado liberal se constituyó en una separación clara de la esfera política respecto a la esfera socioeconómica y esta integración de los partidos limita el alcance de sus objetivos a este respecto. De manera coherente, la cara del partido que se apoya en sus bases —lo que hemos llamado el partido sobre el terreno— se va debilitando gradualmente. En segundo lugar, la maquinaria de los partidos empieza a ser dirigida de manera fundamental a ganar el poder de gobierno para lo que hay que saber manejarse tanto en el complejo institucional del Estado como en la competición electoral. De este modo, la comunicación política aparece como la principal herramienta de los partidos y afecta también a sus objetivos y funciones. Los partidos se integran gradualmente en el complejo mediático de los Esta-

---

[86] Antonio Gramsci (1980: 151-161), *op. cit.*

[87] Véase Claude Lefort (2004), *La incertidumbre democrática: ensayos sobre lo político*, Rubí, Anthropos.

dos liberales, en crecimiento desde los años sesenta. Los partidos de masas sin embargo contaban en muchas ocasiones con sus propios medios de comunicación que servían para establecer una comunicación con sus bases en sus propios códigos y tiempos. Ahora necesitan con urgencia profesionales de la comunicación y conocedores de la esfera mediática, así como contactos y recursos de acceso a la misma. En último lugar, la ciudadanía se constituye más como una agregación de individuos reactivos[88] ante la invasiva comunicación política que desborda su capacidad de gestión a nivel individual.

La discusión sobre los movimientos democráticos, los partidos y el Estado suele oscilar entre dos perspectivas que se autoexcluyen y no ayudan demasiado a clarificar esta cuestión: por un lado, el Estado concebido como el consejo de administración de la burguesía en una vieja y descontextualizada interpretación marxista de algunos pasajes de Marx. Esta perspectiva instrumental del Estado llevaría desde una interpretación socialista a destruir el aparato del Estado ya que estaría constituido desde su base para servir a los objetivos de la clase dominante. Digamos que esta concepción tiene, por un lado, el problema de no entender la construcción histórica del Estado como una hibridación de fuerzas a veces contradictorias y, por otro lado, adolece de una visión estrecha del Estado sin incorporar la noción gramsciana de Estado ampliado. El Estado ampliado, entendido como el conjunto de instituciones que organizan la producción y reproducción social —escuela, medios de comunicación, lugar de trabajo—, no puede ser destruido ya que forma parte del conjunto de las relaciones sociales y no es un instrumento externo a las mismas.

El otro ángulo para entender el Estado lo concibe como la cristalización de las luchas sociales. Este tipo de concepción suele enfatizar el derecho laboral, la educación pública o la sanidad pública como efectos de la lucha de clases y mantiene una visión esencialmente positiva respecto a las potencias democráticas del Estado. Quizá Nicos Poulantzas sea el teórico más fructífero en esta segunda concepción del Estado, aunque en su caso también reconocía el sello de la clase capitalista en el Estado, con su aparato ideológico y de coerción[89]. Poulantzas plantea que el Estado es la condensación de la lucha de clases. De este modo, la esfera política y estatal, siguiendo a Poulantzas, queda subordinada a las

---

[88] Véase Bernard Manin (1997), *op. cit.*; Paolo Gerbaudo (2022), «Theorizing Reactive Democracy: The Social Media Public Sphere, Online Crowds and the Plebiscitary Logic of Online Reactions», *Democratic Theory*, 9(2), pp. 120-138.

[89] Véase la obra de Poulantzas sobre el Estado desde Nicos Poulantzas, *Las clases sociales en el capitalismo actual*, Siglo XXI Editores, 1974, hasta su último gran trabajo, Nicos Poulantzas, *Clase, poder y Estado*, Siglo XXI, 1977.

luchas que se den en el plano económico de las relaciones de producción. Una de las críticas más agudas que se ha realizado de esta concepción del Estado, primeramente por Miliband[90], fue que dejaba al Estado desprovisto de agencia y subordinado a la correlación de fuerzas entre clases sociales de un modo más o menos pasivo. Una interpretación vulgar de Poulantzas, ya que este autor introdujo matices en su obra tardía, lleva en efecto a una visión pobre del Estado como un reflejo simple y mecánico de las relaciones de fuerzas entre grupos sociales. Impediría por tanto, desvelar como las instituciones del Estado son también agentes estratégicos y activos que priorizan y seleccionan políticas públicas y de diseño institucional en función de unos determinados intereses. Así mismo, no permite ver cómo el Estado no solamente refleja o traduce fuerzas sociales, sino que también tiene la capacidad de incentivarlas o, como en la mayoría de los casos, de contenerlas. Parafraseando a Fred Block[91] se podría decir que «una cristalización nunca puede ejercer poder» y, por lo tanto, esta visión nos deja una imagen excesivamente simple y pasiva del complejo institucional del Estado y su capacidad de agencia.

Aparte de las limitaciones de la perspectiva de Poulantzas la idea del Estado como cristalización de las luchas sociales tiende con frecuencia a olvidar las partes más oscuras del aparato del Estado: las fuerzas coercitivas, la judicatura, los sistemas penitenciarios. Y mucho más importante, la idea de «cristalización» puede oscurecer el hecho de que esa lucha de clases continúa en el presente dando forma a las instituciones del Estado; no es únicamente un hecho del pasado que queda cristalizado en las instituciones. Así que más que una cristalización habría que enfatizar el hecho de que la forma y contenido del Estado ampliado está en continua producción. De lo contrario, se puede defender la sanidad pública y la educación pública como un logro abstracto en sí mismo e ignorar la capacidad del Estado de modelar estas instituciones. Consecuentemente, no se entiende bien que tanto la educación como la sanidad pública no son instituciones que favorezcan a las clases más desfavorecidas de forma absoluta. La declinación oligárquica o popular de la educación y la sanidad pública se conforma a partir de las visiones más amplias que estructuran la sociedad y el conjunto de instituciones del

[90] Véase el debate entre Miliband y Poulantzas en una presentación pormenorizada en Ralph Miliband, Nicos Poulantzas, Ernesto Laclau (2022), *Estado, clase dominante y autonomía de lo político. Un debate marxista sobre el Estado capitalista*, Editorial Sylone.

[91] Fred Block (2020), «Mas allá de la autonomía relativa», en *La teoría del estado después de Poulantzas*, compilador Jorge Sanmartino, Prometeo, Buenos Aires, citado en Martín Mosquera y Brais Fernández (2022), «Epílogo. El Estado y la Revolución en Occidente», en Ralph Miliband, Nicos Poulantzas, Ernesto Laclau, *op. cit.*, p. 148.

Estado. También suele obviarse desde esta segunda concepción que parte de esas cristalizaciones sociales positivas para la democracia se dieron con luchas desde fuera del Estado.

En resumen, los partidos políticos tienen serios problemas para cumplir, por un lado, con la función de integración de la ciudadanía y, por otro lado, con la función expresiva. Sí que son máquinas útiles tanto en la formación de cuadros para funciones públicas de gobierno y administración como en cierto modo para la adopción y elaboración de ciertas demandas, con matices, ya que las mismas cada vez deben pasar más por grupos de interés u organizaciones que tiene capacidad de acceso al sistema político. Respecto a la función de integración de la ciudadanía, el el problema fundamental es que los ciudadanos ordinarios no penetran bien en las organizaciones políticas. Los partidos políticos son cada vez más aparatos de integración de ciudadanos especializados, aquellos con habilidades expertas en el campo comunicativo, o del manejo de poder basado en capitales relacionales (capacidad de influencia), culturales, políticos o económicos. Los ciudadanos ordinarios, es decir, la mayoría, aquellos que se ven forzados a vender su fuerza de trabajo y carecen de capital económico, social, cultural o reputacional significativo, tienen muy difícil la participación en puestos relevantes dentro de los partidos políticos.

Del mismo modo, la función expresiva de los partidos se ve también mermada. Como expresan White y Ypi[92], una de las funciones fundamentales de los partidos y del partidismo (*partishanship*) es generar una esfera comunicativa en la que, a través de la expresión coordinada, los militantes pueden desarrollar y organizar sus propios intereses y aspiraciones en el marco de un horizonte ético. Esto significa que los partidos no deben ser solo una agregación de demandas previamente constituidas y cerradas en el ámbito social, sino deben también generar espacios efectivos de expresión, coordinación y construcciones de identidades. En el caso de los partidos actuales, los militantes tienden a estar relegados a roles de aclamación y seguidismo de los líderes. Por lo tanto, para que los partidos sean instancias democratizadoras se necesita cierto nivel de ruptura con el Estado o más bien de desborde de las lógicas dominantes del Estado. Del mismo modo, los partidos políticos deben reencontrar su potencia democrática al convertirse en instancias de inclusión masiva de ciudadanos ordinarios en el proceso político y en la institución de «lo político». Finalmente, los partidos deben relacionarse con un «afuera»

---

[92] Jonathan White y Lea Ypi (2019: 110), «Response: The Democratic Case for Partisanship», *Political Theory*, 47(1), pp. 106-113.

que desborde y dirija en cierto grado el curso de los acontecimientos políticos.

Después de esta contextualización histórica de los partidos políticos estamos en condiciones de replantear la pregunta de si los partidos polarizan como sugieren muchos reconocidos politólogos[93]. El mismo modo de plantear la cuestión queda en evidencia después de mostrar las profundas mutaciones de los partidos políticos y cómo estas se relacionan con la democracia. Como mínimo, se puede decir que esta contextualización nos sirve para incluir matices importantes a la hora de evaluar cómo se relacionan los partidos con la polarización. Desde la narrativa de la polarización, se atribuye un rol principalmente negativo, al menos en la actualidad, a los partidos. Se alega que el problema es que los partidos generan un discurso identitario en el que importa más el líder que las políticas públicas[94]. Después del recorrido de este capítulo se puede decir que el alcance de este análisis explicativo es limitado, lo que condiciona a su vez las propuestas políticas de solución al problema.

Nadie pone en duda que la polarización ha aumentado en los últimos años en España y otros países; sin embargo, en lo que refiere a los partidos, la definición del problema de la polarización como un problema discursivo o comunicativo de las élites es muy limitado si no se introducen otros elementos y alimenta la leyenda negra sobre los partidos. Si elevamos un poco el foco de análisis, veremos que lo más relevante es que los partidos operan en unas condiciones generales que facilitan un uso superficial y poco democrático de la política. Como consecuencia, la personalización y el elitismo de los partidos que acabamos de detallar un poco más arriba puede dar lugar al aumento de una polarización dañina. Vinculando esto con la discusión previa, lo interesante sería encontrar maneras para revertir las formas partidistas oligárquicas y expandir la democracia en el seno de los partidos tal como se ha señalado un poco más arriba.

Por otro lado, la acusación general hacia los partidos políticos como polarizadores obvia los tipos de polarización posibles en el marco del movimiento democrático. Tal como se ha mostrado en este capítulo, los partidos políticos como agentes del movimiento popular democrático pueden ser vehículos que aumenten la polarización en determinados períodos. Lo hemos visto con el surgimiento de los partidos de masas y

---

[93] Véase Mariano Torcal (2023), *De votantes a hooligans. La polarización política en España*, Catarata; Vallespín, Fernando (2021), *La sociedad de la intolerancia*, Galaxia Gutenberg.

[94] Véase Luis Miller (2023), *Polarizados. La política que nos divide*, Deusto; Mariano Torcal (2023), *op. cit.*

las tensiones que imprimieron en el seno del proceso político. Como hemos constatado, sin embargo, estas tensiones fueron consustanciales a la expansión de la democracia con logros tan claros como el sufragio universal, los sueldos públicos para representantes políticos o las medidas de protección social. Por el contrario, hay ciclos de polarización que pretenden revertir los logros alcanzados por el movimiento democrático. Sin entrar a juzgar en este punto la deseabilidad de la democracia, lo cierto es que si se dice defenderla tiene sentido analizar cómo puede haber una polarización que la expanda y otra que la restrinja, como el ascenso de la extrema derecha en toda Europa muestra claramente.

Una vez aclarada esta primera distinción entre una polarización democratizadora, que expande el demos, y otra que se basa en revertir estos avances, es necesario adelantar una cuestión peliaguda que trataremos con más detalle más adelante. Aunque el movimiento democrático siempre ha conllevado episodios de polarización, esto no significa que no se hayan dado serios problemas para establecer en qué momento esta última deja de ser un ingrediente necesario de la democratización y pasa a convertirse en un veneno para la vida democrática. En efecto, la polarización desaforada que degenera en violencia descontrolada ha sido en muchas ocasiones letal para la democracia. En relación con esto, es fundamental pensar con mayor precisión el grado y las temporalidades a las que se debe adecuar la polarización para servir verdaderamente como impulso democrático. Este tema se retomará con mayor detalle en el último capítulo[95].

Por lo tanto, la clave para combatir la polarización democratizando es tener claro que lo segundo es más importante que lo primero. Decir esto último, es una posición normativa inevitablemente: ¿queremos poner primero la polarización o la democracia? Si ponemos primero la polarización quizá podamos tener un país con mayores consensos y consentir una regresión democrática mayor, pero habrá que renunciar a levantar la voz. Si, por el contrario, ponemos primero la democracia, quizá tengamos que asumir algunos episodios de polarización, como de hecho la historia muestra ya que todos los avances democráticos se han apoyado en oleadas de polarización. Esto es, de movimientos populares que visibilizaban conflictos políticos no resueltos y cuestionaban al mis-

[95] Esta cuestión ha sido debidamente tratada en los siguientes textos que serán retomados en el último capítulo: José Luis Moreno Pestaña (2023), «Transiciones hacia ninguna parte: Étienne Balibar, Erik Olin Wright y el problema de la violencia revolucionaria», *Isegoría*, n.º 68 (agosto):e03. https://doi.org/10.3989/isegoria.2023.68.03; Pablo Beas Marín (2024), «Ciudadanía y democracia en Étienne Balibar: un archivo histórico para una nueva práctica de la política», *Res Pública. Revista de Historia de Las Ideas Políticas*, 27(2), pp. 187-197.

mo tiempo las fronteras entre lo discutible y lo no discutible. Es esencial no confundir estas olas de polarización necesarias para la democracia y apoyadas en movimientos de masas con la polarización reaccionaria en respuesta a las mismas. Si no somos capaces de hacer esta distinción puede que entonces nos arriesguemos a arrojar la democracia junto con el agua sucia de la polarización.

## CAPÍTULO 3

# LA DEMANDA: CIUDADANOS Y ESFERA PÚBLICA

> La simple necesidad que la gente siente de absorber varias veces al día noticias es ya un signo de angustia; la imaginación gira y gira y de esa manera va creciendo y paralizándose.
>
> Ernst Jünger, *La emboscadura* (1951: p. 66).

Lo que para unos partidos políticos es «la ciudadanía», para otros es «la gente», y para otros «los españoles», ¿por qué existen estas distintas denominaciones para referirse al cuerpo político donde reside la soberanía popular en las democracias actuales? La respuesta más inmediata es que cada una de estas denominaciones enfatiza un aspecto del cuerpo político de ciudadanos y no otro. Mientras «la gente» se refiere al aspecto más básico y quizá refleja más las características de los sectores populares, «los españoles» quiere resaltar que esa gente pertenece a un grupo específico que comparte una lengua, una historia, un territorio y quizá una manera de ser. Pero además de esta visión más obvia, el uso de estas denominaciones dispares también refleja una intención prescriptiva en lo político que indica qué se debe hacer en tanto que parte de la comunidad política. Por ejemplo, usar el término de «ciudadanía» implica resaltar que la gente debe asumir su papel como ciudadanos, es decir, asumir un conjunto de derechos y obligaciones que se derivan de esta condición.

Por lo tanto, estas denominaciones (ciudadanía, pueblo) no son para nada baladí; anticipan la naturaleza, la composición y las potenciales funciones del cuerpo político. Como se ha repetido varias veces en este libro, la distinción de partida entre oferta de representación política y demanda política ciudadana ya es una distinción que impone límites para pensar la política y la democracia. Establece una separación clara entre unos representantes políticos y los ciudadanos que los eligen y plantea modos de interacción/comunicación entre estos dos mundos: autorización de los representantes, rendición de cuentas, presión social, establecimiento de la agenda política, elaboración de demandas sociales, presión de grupos de interés, etc. En definitiva, supone límites claros a cómo los ciudadanos se identifican a sí mismos y su relación con la política.

La concepción dominante acerca del cuerpo político supone una cierta homogeneidad e igualdad entre los individuos que lo componen que les permite actuar como ciudadanos. Sin embargo, existen notables diferencias si se considera esta concepción de ciudadanía como un punto de llegada o como un punto de partida que requiere de un conjunto de condiciones y acciones adicionales para llevarse a la práctica. Por ejemplo, la restringida élite de los Estados liberales del siglo XIX caracterizados por el sufragio censitario, consideraba esta cualificación formal como ciudadanos ante la ley como un punto de llegada más que suficiente. Sin embargo, el movimiento obrero democrático concibió la idea de ciudadanía más bien como un punto de partida que necesitaba para su realización plena la resolución o al menos el abordaje del conflicto de clases. Por ello, en el movimiento obrero democrático, el paso previo para hablar de ciudadanía era hablar del conflicto de clases que la hacía imposible, al menos en su realización completa. Se ponía el énfasis, por lo tanto, en las brechas entre sujetos de la sociedad que impedían desplegar en su totalidad las implicaciones de la idea de ciudadanía: igualdad, libertad, fraternidad. Tal como Marx lo entendió, era precisamente la clase burguesa y la explotación del proletariado la que impedía una sociedad de ciudadanos libres y autónomos.

De aquí el surgimiento de la categoría de clases sociales para entender la relación entre grupos sociales en las democracias liberales. En el desarrollo del siglo XIX y principios del XX se demostró que, en efecto, la idea de clase social era, siguiendo a Bourdieu, un artefacto histórico bien fundado[1]. Un artefacto —como también lo fueron las otras categorías de ciudadanía o pueblo— que respondía a un análisis empírico certero de las condiciones materiales que estructuraban las sociedades de la época y que por eso mutó en una categoría popular arraigada[2]. La categoría de clase social tuvo una importancia capital, especialmente en la segunda mitad del siglo XIX y la primera del XX, como modo de inserción de los individuos en grupos con un sentido compartido y que facilitaban la participación política. Esta autodefinición del conjunto de los trabajado-

---

[1] Pierre Bourdieu (2001: 115), «¿Cómo se hace una clase social? Sobre la existencia teórica y práctica de los grupos en Pierre Bourdieu», *Poder, derecho y clases sociales*, Desclée de Brouwer, Bilbao, pp. 101-129.

[2] *Ibid.*, pp. 115-117.

res como clase es un proceso de construcción y reconocimiento que no se da de modo automático, sino que requiere de un intenso trabajo político, y que a día de hoy es débil en el conjunto de Europa y las sociedades occidentales. El declive de la idea de clase social a la hora de estructurar la participación política de hecho ha producido cambios muy relevantes en la fluctuación del voto y los modos de anticipar la adscripción política. Como observa Adam Przeworski, para que se dé lucha de clases hay un proceso previo que consiste en el reconocimiento propio de un amplio sector de la ciudadanía como clase y su organización[3].

Por lo tanto, para entender la participación política en el lado de la demanda el primer paso sería comprender cómo se autodefinen o cómo son definidos los sujetos participantes y en qué instancias tiene lugar la participación. En relación a las instancias de participación, la idea de esfera pública es fundamental. La noción inicial que propuso Habermas[4] representaba la esfera pública burguesa de los inicios de la modernidad que aunque él presentara en un primer momento como universal, recibió críticas muy serias acerca de las formas de articulación pública que dejaba de lado[5]. Independientemente de cómo entendamos la esfera pública, si queremos comprender cómo los individuos se integran en formas de comunicación y participación política, esta es la noción clave que debe articular nuestra discusión. Esto no es óbice para que finalmente podamos identificar límites notables en esta misma idea de esfera pública como el terreno que media entre el Estado y la sociedad civil.

## 1. EL SURGIMIENTO DE LA ESFERA PÚBLICA LIBERAL

Se suele decir con frecuencia en las discusiones cotidianas que «cada uno es como es» y esta frase recurrente y típica se puede aplicar también a la cuestión de la demanda política. Suele ocurrir también que los dichos

---

[3] Adam Przeworski (1977), «Proletariat into a Class: The Process of Class Formation from Karl Kautsky's The Class Struggle to Recent Controversies», *Politics & Society*, 7(4), pp. 343-401; véase también E. P. Thompson (1966 [1963]), *The Making of the English Working Class*, New York, Vintage Books.

[4] Jürgen Habermas (1993 [1962]), *The Structural Transformation of the Public Sphere. An Inquiry into a Category of Bourgeois Society*, The MIT Press, Cambridge, Massachusetts.

[5] Véase Oskar Negt y Alexander Kluge (1993 [1972]), *Public Sphere and Experience Toward an Analysis of the Bourgeois and Proletarian Public Sphere*, University of Minnesota Press, Minneapolis, London; y Nancy Fraser (1990), «Rethinking the Public Sphere: A Contribution to the Critique of Actually Existing Democracy», *Social Text*, n.º 25/26, pp. 56-80.

populares contienen una parte de verdad, pero pueden ser usados para respaldar afirmaciones o percepciones equivocadas o bien análisis insuficientes. En el caso de las ciencias sociales este dicho popular tiene más peso del que aparentemente se podría pensar, ya que el enfoque dominante para entender cómo los ciudadanos expresan sus demandas políticas se basa, al menos parcialmente, en esta idea. Respaldado por el cada vez más inmenso aparataje descriptivo y predictivo de las encuestas, el objetivo es capturar las preferencias políticas individuales y luego agregar por grupo (en función del género, clase social, etc.) o bien discriminar *a priori* por grupo social. El objetivo no deja de ser, esencialmente, el de captar las respuestas individuales de los ciudadanos a las cuestiones políticas, la oferta política o falta de ella. Al mismo tiempo, esta perspectiva ha sido criticada internamente en las ciencias sociales, con una corriente que se ha enfrentado a lo que se conoce generalmente como individualismo metodológico[6].

Más allá de las discusiones académicas respecto al tipo de enfoque metodológico más adecuado, se suele aceptar el hecho de que el individuo se integra simbólica y materialmente en comunidades de sentido en las que articula sus percepciones y da forma a sus demandas políticas. Para ello es necesario incluir conceptos que van más allá del individualismo metodológico, es decir, de las motivaciones particulares de los individuos, para analizar un campo o un contexto determinado que afecta a las condiciones en las que estos individuos operan. En este sentido, el estudio de los sistemas de integración de los individuos en las distintas sociedades ha sido fundamental para entender cómo se configura la demanda política, es decir, de qué maneras los individuos expresan sus preferencias. El vasto estudio de Jürgen Habermas sobre el nacimiento de la esfera pública liberal es un punto de partida clave para explorar esta cuestión, también teniendo en cuenta los posibles límites de esta obra. El argumento principal de Habermas es que la esfera pública en las sociedades modernas nace inicialmente como el reflejo público de la forma privada de gestión económica. A la vez que se fueron privatizando las formas de reproducción económica y social —con la llamada familia burguesa— se fueron desplegando en el espacio público las necesidades vinculadas a las mismas. Estas necesidades pasaban en el caso de las poblaciones más proletarizadas por salir al mercado laboral a vender su fuerza de trabajo y en el caso de la clase ascendente de propietarios industriales de gestionar

[6] Véase Roberto A. Follari (2000), «Elementos para una crítica del individualismo metodológico», *Utopía y Praxis Latinoamericana*, año 5, n.º 9, pp. 73-79; o Weldes, Jutta (1989), «Marxism and Methodological Individualism: A Critique», *Theory and Society*, 18, n.º 3, pp. 353-386.

productivamente una población y un territorio, tanto en términos económicos como sociales.

Hanna Arendt lo expresa del siguiente modo: «la sociedad es la forma en la que el hecho de la dependencia mutua por el bien de la vida y nada más asume un significado público y en la que las actividades relacionadas con la mera supervivencia pueden aparecer en público»[7]. Por lo tanto, se va creando una esfera pública que vincula a los sujetos como individuos libres, no ya como pertenecientes a determinadas comunidades, con relaciones de parentesco o de servidumbre. Como bien explica Habermas, este es el momento en el que surgen modos científicos de conocimiento de la sociedad como la economía que se entiende como una disciplina de conocimiento de gestión de lo público, de coordinación productiva de esa serie de individuos libres en un contexto de recursos escasos[8]. A su vez, se empiezan a desarrollar tecnologías para difundir la información que son utilizadas por el Estado liberal para dar consistencia a la esfera pública. Es entre el siglo XVII y XVIII cuando empiezan a surgir los primeros periódicos y las primeras notas de prensa por parte de las autoridades para su «público». Aunque en principio estas noticias solo eran leídas por unas élites con cierto nivel educativo, apelaban en general al pueblo y se presentaban como informaciones de «interés público». Se generaba gradualmente, por lo tanto, una cierta conversación pública que, aunque de forma limitada, conectaba el Estado liberal y todas sus capas con el pueblo o el conjunto de la ciudadanía. Sin embargo, esta esfera pública restringida pronto se vería afectada por las disrupciones sociales. Lo que se ha llamado en el capítulo 1 de este libro «las revoluciones de la modernidad» sacudieron una controlada esfera pública y la volvieron terreno abonado para el surgimiento de públicos autónomos o en términos de Habermas para el surgimiento de «un sujeto que razona y del adversario de las autoridades que gobiernan»[9].

Lo que surgió, siguiendo a Habermas, a principios del siglo XVIII, fue una esfera por primera vez pública donde se ponían en común y se juzgaban racionalmente y críticamente —o al menos esa era la idea— una serie de cuestiones culturales o políticas. No es que antes no existieran foros comunes de intercambio cultural o grupos de presión dónde se discutía la función pública, la autoridad y la política. Es que, por primera vez, empiezan a circular objetos con una disposición de discusión pública, es decir, en principio abiertos al debate público entre todos los

[7] Hanna Arendt (1958: 46), *The human condition*, The University of Chicago Press, Chicago.

[8] Habermas, *op. cit.*, p. 20.

[9] *Ibid.*, p. 26.

ciudadanos. Obviamente, como el propio Habermas señala, todos los ciudadanos que contasen con los recursos y los códigos necesarios para acceder a estos foros de discusión «pública» encabezados por la burguesía de la época. La esfera pública descrita por Habermas que él categoriza como la esfera pública burguesa iba creciendo en los cafés, los salones y las «sociedades de mesa» (*Tischgesellschaften*)[10]. Por ejemplo, la esfera pública comenzó a servir para juzgar con argumentos las funciones de la autoridad pública, y como herramienta de presión.

Según Habermas, aunque esta esfera pública era muy restringida al principio su naturaleza era social y abierta. Por lo tanto, lo que Habermas pretende señalar en esta obra clave de 1962 es que la consolidación de la esfera pública en la época moderna se iba a convertir en un pilar fundamental para democratizar lo que hemos llamado Estados liberales en el primer capítulo de este libro. Esta esfera pública se concibe como el terreno de intercambio discursivo y construcción de identidades relativamente independiente del Estado y la autoridad pública. Su proceso de consolidación se produjo a partir de dos vías principales: en primer lugar, a partir del flujo informativo sobre las políticas públicas. Por otro lado, se establecieron desde el Estado liberal un conjunto de derechos que facultaban formalmente a los individuos para participar en esa esfera pública: libertad de prensa, libertad religiosa, libertad de reunión, libertad de asociación.

La obra de Habermas describe de un modo certero y profundo esta transformación, y la segunda parte del libro consiste en mostrar por qué esta esfera pública liberal no se desarrolló en su plenitud. Sin embargo, sigue siendo problemática la forma en la que Habermas limita la noción de esfera pública a la reducida tertulia entre notables que se dio a comienzos de la modernidad y que no desarrolle mayores conclusiones acerca de por qué esa esfera pública no pudo democratizarse demasiado. De hecho, hay autoras que muestran cómo la esfera pública liberal no se desarrolló en su plenitud por una cuestión intrínseca más que circunstancial: porque la misma estaba basada en exclusiones implícitas, aunque muy firmes. Por ejemplo, Nancy Fraser[11] describe muy bien cómo las mujeres fueron excluidas de forma sistemática y con marcadores específicos de género que enfatizaban la masculinidad de la acción pública, de este tipo de esferas compartidas. De igual modo, los marcadores de clase servían para iden-

---

[10] *Ibid.*, p. 30.

[11] Nancy Fraser, *op. cit.*, pp. 60-61; también Paolo Gerbaudo (2022), «Theorizing Reactive Democracy: The Social Media Public Sphere, Online Crowds and the Plebiscitary Logic of Online Reactions», *Democratic Theory*, 9(2), pp. 120-138; Joan Landes (1988), *Women and the Public Sphere in the Age of the French Revolution*, Ithaca NY: Cornell University Press.

tificar y excluir a los sujetos plebeyos, además de que su propia condición proletaria hacía casi imposible su participación en los lugares de intercambio discursivo y de conformación de la opinión pública —cafés, salones, teatros—. De forma similar a la evolución sufrida desde los apacibles partidos de notables a los partidos de masas —véase el capítulo anterior—, con la esfera pública ocurrió algo parecido. La disrupción social y la politización de la misma hizo demasiado ruido como para que la conversación y la deliberación sosegada y racional entre los individuos tuviese lugar. En el prólogo de la reedición del libro de Habermas, el filósofo se excusó y deja claro que el libro solo versa sobre la esfera pública liberal, tras haber recibido críticas en la dirección de esta ausencia de la esfera pública plebeya. Siguiendo esta línea, podría realizarse una contra historia de Habermas en la que se intentase adivinar la esfera pública plebeya.

## 2. DISRUPCIÓN Y ESFERA PÚBLICA PLEBEYA

En la novela *La ciudad de los Prodigios*, el escritor Eduardo Mendoza dibuja un retrato del mundo de finales del siglo XIX en España, en concreto de Barcelona. Por un lado, la novela transcurre entre dos exposiciones universales que tuvieron lugar en Barcelona en los años 1888 y 1929. La exposición universal de 1888 fue uno de los momentos en los que la esfera pública liberal de la época se expresaba en su mayor esplendor y se aspiraba a que situase a Barcelona también como un punto importante en la circulación del arte y la cultura de las clases dominantes en Europa. El adjetivo universal conecta bien con la idea habermasiana de que la esfera pública que él llama burguesa estaba en origen definida para ser un lugar sin barreras de entrada y en el que se juzgaba a través de la razón el arte, la política y la cultura. Sin embargo, la novela de Eduardo Mendoza también nos muestra que, por debajo del mundo luminoso de las exposiciones universales de Barcelona, latía un mundo subterráneo, separado del primero, y en el que la gente intentaba abrirse paso. De hecho, el período que transcurre entre estas dos exposiciones universales es uno de los más convulsos en España y en Barcelona especialmente. Durante estos años, creció la organización política de miles de obreros y campesinos en Barcelona y a lo largo de España, sobre todo en torno al movimiento anarquista. Una esfera pública plebeya, más bien varias —formada entre otros grupos por proletarios y mujeres— corría paralela y también con interesantes cruces en determinados momentos con la esfera pública liberal o burguesa.

Lo que esto muestra es que Habermas no profundiza en lo que podría considerarse una esfera alternativa plebeya. Siguiendo la misma cronología establecida en el capítulo anterior, esta empezaría a crecer sobre todo en la segunda mitad del siglo XIX aunque, como muestra EP Thompson[12], tiene raíces más lejanas en el tiempo. El problema fundamental con concentrarse solo en una esfera pública liberal ideal para deliberar entre iguales es que se pierden de vista las precondiciones para la deliberación. También se pierden de vista las condiciones sociales en las cuáles esa esfera pública emerge y cómo eso, así como su articulación política, puede estar en la base para explicar los límites intrínsecos de la esfera pública en esa época. La esfera pública liberal y la conceptualización de Habermas como «la esfera pública universal o deseable» tienen también el problema de que naturalizan de nuevo la separación entre sociedad civil y sociedad política o Estado. Retomando lo que se ha expuesto en el capítulo 1 de este libro, la separación primigenia que nace de la constitución del Estado liberal «contra la democracia» se naturaliza y por lo tanto no se permite la posibilidad de que la democracia la cuestione. La contraposición entre la esfera pública idealizada por Habermas y la disrupción de las esferas públicas plebeyas es un debate que nos trae de nuevo hasta el presente ya que la discusión sobre polarización se efectúa en términos muy similares. De hecho, Habermas ya señalaba la polarización social como uno de los factores que dividía la sociedad en bloques e impedía la deliberación óptima en la esfera pública liberal[13]. Es necesario, sin embargo, enfatizar la idea de que el precio de la deliberación idealizada en nuestras sociedades siempre ha sido la exclusión y la falta de democracia. Por lo tanto, si queremos pensar los problemas de la deliberación sin ahondar más en la regresión democrática, deberemos buscar otros caminos.

Siguiendo a Nancy Fraser[14], cuando se analiza la esfera pública liberal, ideal y racional habermasiana en relación a las múltiples y efervescentes esferas plebeyas se comprende su verdadera naturaleza. Su única forma de existir es antidemocrática, es decir, es un artilugio que se construyó sobre la expulsión y la explotación de otros. La esfera pública democrática será otra cosa, donde, por supuesto debe tenderse a que la deliberación sea óptima, pero a su vez se deben asumir mayores complejidades, disrupciones y conflictos que en la confortable esfera pública liberal. De hecho, tal como cuenta Fraser[15], la esfera pública democrática siempre fue «la otra» y no la esfera idealizada liberal que representa Habermas en su narrativa. Las mujeres, los proletarios, y otros sectores de las clases populares se las agenciaron para estar precariamente incluidos en varias, algunas subver-

[12] Véase E. P. Thompson, *op. cit.*

[13] Véase Habermas, *op. cit.*, pp. 151-158.

[14] Nancy Fraser, *op. cit.*

[15] *Ibid.*, p. 61.

sivas, esferas públicas alternativas. Existía una conflictividad social de múltiples públicos por un lado y luego «el público» construido de forma ideal por la clase dominante y que proyectaba una serie de valores e intereses que aspiraban a volverse hegemónicos en la sociedad. Del mismo modo que concluimos en el capítulo anterior que el avance democrático se dio a partir del surgimiento conflictivo de los partidos de masas, podemos esperar que la esfera pública plebeya no fuese una disrupción que dificultase la deliberación necesaria en democracia, sino un acicate para la democratización.

En primer lugar, deberíamos hablar de esferas plebeyas en plural más que de una sola esfera alternativa a la esfera pública liberal restringida. Por ejemplo, la necesidad de hablar y compartir «públicamente» se expresó por parte de mujeres excluidas a través de la formación de sus propias asociaciones, o entidades filantrópicas, en el caso de mujeres de extracción alta[16]. El movimiento por los derechos de la mujer, de la mano en muchas ocasiones del movimiento obrero, también sirvió de plataforma para la inclusión —aunque muchas veces de un modo subalterno— de las mujeres en el plano público. Las masas proletarias, así como el campesinado pequeño propietario y los jornaleros también irrumpieron intentando hilar su voz en público con otros. Las clases proletarizadas constituyeron sus propias organizaciones y sus propios espacios —nunca absolutamente desconectados de la esfera pública liberal—, como fueron las casas del pueblo, los sindicatos o las asociaciones profesionales[17].

En muchos casos, las múltiples esferas públicas plebeyas que convivieron con una restringida esfera pública liberal tenían su base en tradiciones, rituales y fiestas que se habían dado en las comunidades proletarias y trabajadoras tiempo atrás. Una de las investigaciones más detalladas de esta cultura de las clases trabajadores se encuentra en la obra de E. P. Thompson *The Making of the English Working Class*[18]. En esta obra, Thompson muestra cómo las gentes humildes se encontraban y compartían experiencias, cultura y problemas comunes en redes de ferias que se organizaban a lo largo de toda Inglaterra. Aquellas gentes de principios y mediados del siglo XIX eran arrancados de sus comunidades de origen[19], arrojados al mundo hostil de la fábrica, y posteriormente se agrupaban en clubes o sociedades de socorros mutuos para

---

[16] Véase Mary Ryan (1990), *Women in public: between banners and ballots, 1825-1880*, Baltimore: Johns Hopkins University Press.

[17] Véase Oskar Negt y Alexander Kluge, *op. cit.*, p. 59.

[18] Véase E. P. Thompson, *op. cit.*, por ejemplo, pp. 404-410.

[19] Acordémonos de los procesos de cercamiento que han sido descritos en el capítulo 1 y que tuvieron como objeto la apropiación de tierras comunales para su explotación privada —véase Barrington Moore (2002 [1966]), *Los orígenes sociales de la dictadura y*

cubrir bajas por enfermedad o funerales[20]. Estas sociedades garantizaban con una férrea disciplina que los montantes depositados por trabajadores o artesanos miembros de la asociación sirviesen para los fines adecuados y así mismo establecían una serie de reglas para la interacción entre sus miembros. Aunque Thompson se centra en Gran Bretaña, estas asociaciones brotaron y crecieron con fuerza a lo largo del siglo XIX en todas las sociedades industriales o semi-industriales de la época. En muchos casos, estas sociedades y clubes sirvieron como germen también, o como tapadera, para una organización más propiamente sindical o política a la hora de reclamar derechos para los artesanos o trabajadores[21]. Esto sucedía porque en la mayor parte de estas agrupaciones se «hacía vida» más que utilizarlas solo de modo instrumental: se hacían fiestas, salidas en grupo, convivencias y otro tipo de actividades en las que se intercambiaban experiencias y se ponían en común los asuntos de la comunidad e incluso nacionales.

Al albor de estas sociedades mutualistas o de socorros mutuos se empezó a forjar poco a poco una cierta cultura proletaria alternativa a la que se configuraba en la esfera pública liberal. Según Thompson[22], esta esfera pública plebeya mantenía una diferencia clara respecto a la esfera pública liberal, proyectada por la clase pujante de la burguesía. La esfera plebeya mantenía un énfasis claro en lo común, en las interdependencias entre los individuos en relación a sus necesidades y valores en la vida. Incluso antes de que el movimiento socialista empezase a crecer apoyándose en este tipo de asociacionismo plebeyo, la tradición cristiana ya había sembrado ciertas semillas dirigidas hacia el colectivismo, hacia la preocupación por el prójimo —en el caso británico la corriente metodista religiosa, mucho más comunitarista que la Iglesia formal, influyó mucho en este tipo de organizaciones en origen—.

En contraste con esto, como hemos comentado más arriba, la esfera pública liberal era un espacio en el que se suspendían las identidades o los estatutos previos de los individuos que entraban como sujetos equivalentes a un intercambio crítico y razonado sobre cuestiones abstractas. En las esferas públicas plebeyas este pilar básico de la noción de sujeto como individuo soberano y aislado nunca existió. De manera diferente, las deliberaciones y acuerdos se construían sobre la base de sujetos ligados a su entorno, sus condiciones materiales e interdependientes entre

---

*de la democracia: El señor y el campesino en la formación del mundo moderno*, Peninsula, Madrid—.

[20] Véase E. P. Thompson, *op. cit.*, p. 419.

[21] *Ibid.*, p. 420.

[22] *Ibid.*, p. 423.

ellos. Este enfoque distintivo se basaba tanto en la herencia de ciertas prácticas religiosas ligadas a sectores trabajadores plebeyos como en prácticas más recientes de ayuda mutua que se daban en el seno de este tipo de asociaciones. Por otro lado, es necesario decir que esta disciplina y estas prácticas de ayuda mutua eran solo parte de la realidad de vida de los sectores trabajadores plebeyos. Era una vía entre otras muchas de relacionarse con el otro lo que no implica que no existiese también criminalidad, individualismo, o la desafección más absoluta entre las masas trabajadoras.

Sin embargo, para el objetivo que nos ocupa es relevante que a lo largo del siglo XIX se vayan articulando una serie de instituciones cada vez más potentes (asociaciones, clubes), con unos valores determinados y una autopercepción como sujeto colectivo que estaba ausente durante el siglo XVIII. Axel Danielsson, uno de los líderes del movimiento socialista sueco en sus primeras fases, se refería así a las implicaciones de esta esfera pública plebeya en la fundación de una de las primeras casas del pueblo socialistas en Suecia, en 1893: «Nosotros mismos nos hemos construido una casa propia, donde podemos reunirnos sin ser molestados y deliberar sobre nuestros asuntos comunes y ofrecer un refugio seguro a los pensamientos perseguidos»[23]. Este sujeto colectivo en ciernes por lo tanto, se va reconociendo en los procesos de comunicación e intercomunicación que se dan en las esferas públicas plebeyas como clase obrera o clase trabajadora. Más adelante, esta clase se va consolidando en la historia de lucha y desgaste del movimiento democrático-obrero. Otra de las facetas necesarias para este reconocimiento y consolidación de la clase obrera durante el siglo XIX fue la extensión de fenómenos de autoeducación entre las masas. La circulación de materiales, libros, noticias, o la realización de eventos en los que hablaban determinados pensadores, sirvió de sabia para conformar una identidad cada vez más politizada, incluso contando con las dificultades derivadas de la alta tasa de analfabetismo[24].

Como se ha señalado previamente en este libro, la conformación de una esfera pública propia de las clases trabajadoras permitió a los sectores plebeyos articularse públicamente y conformar un sujeto político, aunque al mismo tiempo surgieron nuevos problemas. Estos problemas estaban relacionados con una tensión que atraviesa al movimiento democrático desde sus orígenes: el difícil equilibrio entre la integración-absorción por parte del Estado liberal y la autoexclusión e irrelevancia

[23] Kjell Östberg (2024: 25-26), *The Rise and Fall of Swedish Social Democracy*, Verso Books, London. Traducción propia.

[24] *Ibid.*, pp. 711-713.

del movimiento democrático-obrero. Antoni Domènech se refiere a esta cuestión en su magistral descripción de cómo se fue constituyendo una «teoría de los dos mundos» en la socialdemocracia alemana, sobre todo tras la fusión entre el Partido Obrero Socialdemócrata y la lasalleana Unión Obrera a partir de 1875[25]. Sea esto negativo o no en términos de la eficacia política del movimiento obrero-democrático, lo cierto es que tanto el movimiento en Alemania como en el resto de países industriales y semiindustriales empezó a desarrollar sus propias esferas públicas plebeyas también con conexiones y flujos internacionales.

Estos intentos de pervertir la armonía de la esfera pública liberal dieron muchos quebraderos de cabeza a los dirigentes clave de los Estados liberales a lo largo del siglo XIX. Como explicamos en el capítulo 1, Napoleón III fue pionero en su atrevimiento para interpelar directamente a las masas. Para atreverse a la tarea de manufacturar el consentimiento necesario del pueblo para su dominación. La revolución de 1848, al menos en Francia, mostró que era insostenible seguir manteniendo a las masas proletarias excluidas de cualquier tipo de conversación pública. Era imposible, ya que creaban públicos subversivos que acababan amenazando de muerte el orden del Estado liberal como pasó con la revolución del 48 aunque de manera efímera. Por lo tanto, Napoleón dejo hablar al pueblo, pero de modo controlado. Es decir, en el momento en el que se fueron masificando las esferas públicas, las clases dirigentes fueron mejorando su habilidad para conducirlas y de este modo conseguir recabar la aquiescencia necesaria. El momento cumbre de esta masificación de las esferas públicas llegó con los medios de comunicación de masas.

## 3. MEDIOS DE COMUNICACIÓN Y CONSUMO DE MASAS

> La transformación de las clases en masas y la eliminación al mismo tiempo de toda solidaridad de grupo son las condiciones de la dominación total [...] Las organizaciones totalitarias son organizaciones de individuos atomizados y aislados.
>
> Hanna Arendt, *Los orígenes del totalitarismo.*

La extensión de los medios de comunicación de masas ha sido probablemente uno de los fenómenos más relevantes en la modernidad para entender los cambios en la esfera pública. Los medios de comunicación de masas y especialmente la televisión posibilitan por primera vez un

[25] Véase Antoni Domènech (2019: 174-176), *El Eclipse de la Fraternidad. Una revisión republicana de la tradición socialista*, Akal, Madrid.

acceso global y simultáneo, sobre todo en torno a la década de los sesenta, a los discursos públicos y a los procesos de conformación de la opinión pública. Sin embargo, el proceso de masificación de la comunicación es anterior a la televisión. La expansión de la comercialización de los productos mediáticos se desarrolla ya a lo largo del siglo XIX con base en una serie de cambios tecnológicos que facilitan y aceleran la impresión y distribución de prensa, libros u otros materiales. La industria periodística empieza a dirigirse a públicos cada vez más amplios y a la vez la oferta empieza a especializarse[26]. Esta gigantesca expansión de la industria mediática provocó a lo largo del siglo XX una gran concentración de capital y la creación de grandes corporaciones que controlaban el sector[27]. Personajes como Rupert Murdoch en Reino Unido, Estados Unidos y Australia o Silvio Berlusconi en Europa, sobre todo Europa del sur, dan buena cuenta de este tipo de corporaciones que se expandieron a través de la compra de diarios y televisiones más pequeñas.

Estos grandes conglomerados mediáticos desarrollados a lo largo del siglo XX se convirtieron y todavía permanecen a día de hoy como uno de los núcleos principales de ordenación social. Como grandes distribuidores mediáticos en una sociedad muy mediatizada, estas corporaciones adquieren un gran poder a la hora de definir las principales líneas de diseño y circulación de noticias e información. La gran transformación cognitiva que supuso la extensión casi universal de la televisión tuvo que ver con la diversidad simbólica del producto televisivo. En la época de su desarrollo, era una novedad que el espectador conectase a nivel visual y auditivo con la realidad mediática que se transmitía a través de los televisores. A su vez, los espectadores aprendieron a resituarse espacio temporalmente ante una realidad que viajaba a través de las fronteras de lo conocido[28]. La televisión estaba también caracterizada por una asimetría entre los productores y distribuidores de información y los receptores que no podían intervenir en la misma. Como veremos más adelante, esto ha cambiado con el desarrollo de la comunicación digital y las redes sociales.

Después de la Segunda Guerra Mundial y especialmente a partir de los años sesenta, la expansión de la industria mediática y televisiva se funde con el nacimiento de la sociedad de consumo. La sociedad de consumo se podría caracterizar a partir de dos elementos fundamentales. En primer lugar, cada vez más capas de la población en las democracias avanzadas tienen mayor renta y capacidad de compra. Se produce, como

---

[26] John B. Thompson (1998: 109), *Los Media y la Modernidad. Una Teoría de los Medios de Comunicación*, Paidós, Barcelona.

[27] Véase Ben. H. Bagdikian (2004), *The New Media Monopoly*, Beacon Press, Boston.

[28] *Ibid.*, pp. 129-131.

ilustra bien Herbert Marcuse[29], una integración —en parte económica— de las capas de oposición al sistema y una destrucción hacia el exterior del sistema capitalista. Marcuse escribió su ensayo *El hombre unidimensional [...]* en 1954 en un contexto de guerras hacia al exterior de las potencias centrales de lo que se consideraba el mundo occidental. En segundo lugar, comienza en esa época un crecimiento exponencial de la producción de bienes de consumo simbólicos; es decir, no se compra tanto un valor de uso o función instrumental de un producto —que te sirva para hacer algo— como la experiencia subjetiva al consumirlo y cómo esta se relaciona con tu identidad.

Baudrillard, en su libro *La sociedad de consumo*[30], también se refiere al desarrollo de una sociedad que tiende a «exaltar los signos sobre la base de una denegación de las cosas y de lo real». Tanto el libro de Marcuse como el de Baudrillard reflexionaban sobre la época posterior a la Segunda Guerra Mundial que en el capítulo 1 definimos como una época con un cierto compromiso de clases y una pacificación social. El primero reflexionaba sobre la emergencia de un modelo de orden social a mediados de la década de los cincuenta y el segundo sobre su consolidación ya en el final de la década de los sesenta. Los dos autores se centraron en los porqués del decaimiento de un horizonte de cambio sistémico, cuando la alternativa que ofrecía el bloque soviético empezaba a revelarse como no demasiado prometedora para las clases populares y las clases medias europeas. Ambos, tanto Marcuse como Baudrillard, se esfuerzan por destacar que se nos escapa algo debajo del signo, que tanto signo nos impide experimentar con libertad lo que realmente sucede. Esta preocupación enlaza con las discusiones actuales acerca del exceso que suponen las redes sociales y quizá indica que estas últimas no traen cuestiones tan novedosas, sino retos que tienen su origen al menos en los fenómenos de cambio social que se dieron ya en los años cincuenta y sesenta del siglo pasado.

El 26 de septiembre de 1960 los estudios de WBBM-TV de CBS en Chicago iban a ser testigos de un acontecimiento con fuertes implicaciones para la política estadounidense. Se celebraba el primer debate presidencial televisado entre el senador John F. Kennedy, el candidato demócrata, y el vicepresidente Richard Nixon, el candidato republicano[31]. La política llegaba de este modo más directamente a los hogares y tomaba

---

[29] Herbert Marcuse (1993 [1954]), *El hombre unidimensional. Ensayo sobre la ideología de la sociedad industrial avanzada*, Planeta-De Agostini, Barcelona.

[30] Jean Baudrillard (2011 [1970]: 113), *La sociedad de Consumo. Sus mitos, sus estructuras*, Siglo XXI, Madrid.

[31] Este no es, sin embargo, el primer debate político televisado, aunque este es posiblemente el debate que más fuertemente ha quedado grabado en la memoria colectiva. Lo cierto es que seis años antes ya tuvo lugar un debate electoral televisado. La diferencia

la forma unilateral de la televisión por la cual los espectadores recibían sin interactuar *inputs* políticos. Aunque recientemente se ha enfatizado el hecho de que los debates electorales afectan poco al voto, lo cierto es que en su momento cambiaron la forma de procesar cognitivamente la política. A partir de los años sesenta, los conocimientos e informaciones políticas empezaron a proceder principalmente de los medios masivos de información en vez de la red de contactos y familiares, así como de sus libros e informaciones. La información, por lo tanto, se estandarizaba, simplificaba y adaptaba a los cauces televisivos. Que los debates electorales hoy en día no afecten al voto no quiere decir que los ciudadanos se informen por otros cauces y decidan a partir de otro tipo de informaciones. Quiere decir que la «experiencia política» está tan sumamente mediatizada con anterioridad a las elecciones que el debate televisivo no hace variar demasiado estas posiciones previas. Los efectos políticos de esta transformación social y cognitiva se pueden resumir bien en la idea de la espectacularización de la política[32]. Los modos de comunicación entre líderes políticos y votantes-ciudadanos está cada vez más mediada por la apariencia. El cada vez más grande círculo de asesores de los políticos mide cada movimiento del líder y estos deben estar bien cualificados para las apariciones públicas, su capacidad de seducción y los equilibrios justos entre verdades, medias verdades y ausencias que componen sus mensajes.

Se puede decir que la televisión es el medio más llamativo para ilustrar lo que es la totalización mediática de la sociedad, pero no fue el primer medio de comunicación masivo. Con totalización mediática me refiero a la capacidad de los medios de información y comunicación para mediar todas las subjetividades, que no determinar por completo, por supuesto. La impactante película *El triunfo de la voluntad* dirigida por Leni Riefenstahl y estrenada en 1935 en pleno régimen nacionalsocialista en Alemania, es quizá uno de los ejemplos más conocidos de cómo la esfera pública empezaba a estar profundamente «mediatizada» ya por esta época. El cine, como arma de propaganda política, echó a andar mucho antes que la televisión, en concreto en el contexto de la guerra entre Estados Unidos y España a finales del siglo XIX. La breve película de guerra *Tearing down the Spanish flag* [arrancando o haciendo caer la bandera española] estrenada en 1898 y producida por dos de los primeros cineastas (J. Stuart Blackton y Albert E. Smith), puede que sea uno

---

es que esta vez se dio entre dos mujeres, la exprimera dama Eleanor Roosevelt y la senadora Margaret Chase Smith en el programa *Face the Nation* en Washington.

[32] Cristopher Lasch (2023 [1979]: 111-115), *La cultura del Narcisismo. La vida en una era de expectativas decrecientes*, Capitán Swing, Madrid.

de los primeros ejemplos de la mediatización de la política y la guerra. En este corto clip, se puede visualizar la caída de la bandera española y la victoriosa alza de la bandera estadounidense[33]. Si esta rudimentaria película de guerra de menos de un minuto tuvo cierto impacto, podemos imaginarnos hasta qué punto la producción masiva y más sofisticada de películas tuvo relevancia para el debate público a lo largo del siglo XX.

Por lo tanto, lo que la televisión hizo en los años sesenta fue perfeccionar el mecanismo, pero este ya se había puesto en marcha mucho antes. Como se ha apuntado previamente, la extensión del sufragio universal y el ascenso de los partidos obreros-democráticos forzó o incentivó al resto de partidos no democráticos a volcarse hacia la conquista del «pueblo» en torno al cambio de siglo. Justo por esta época es cuando el cine, los periódicos de gran tirada y más adelante la televisión son utilizados en esta «batalla por el pueblo». En este contexto es en el que el militante comunista Antonio Gramsci, ya por la época de la llegada del fascismo al poder en Italia en 1922, introdujo la idea de la «densidad» de las sociedades occidentales, así como su concepto de hegemonía[34]. Al comparar las sociedades occidentales y la posibilidad de la revolución en comparación con la ya exitosa Revolución rusa, Gramsci identificó que el Estado no se tumbaba al superar una única trinchera —pongamos el ejército, la rama armada del Estado—. Al atravesar esa trinchera, aparecían otras que ataban al conjunto de la población con el Estado liberal ampliado: a través de las expectativas, los valores y la visión de la vida de los individuos. Un sentido común no ya tan localizado o anclado en las comunidades cercanas y las prácticas cotidianas, sino conformado fundamentalmente a través de las prácticas mediáticas generales, que servían de marco para una integración gradual de los individuos en otras dimensiones: laboral, afectiva y política.

El «hombre nuevo» que nunca fue posible construir de cero, era aún más difícil en estos contextos mediatizados. Por lo tanto, siguiendo especialmente enfoques como el de Raymond Williams, la historia de los medios de comunicación y las esferas públicas nunca puede ser una historia técnica descontextualizada. Los distintos medios, artefactos y tecnologías que sirven para conectar e integrar a los individuos en una sociedad determinada surgen en el contexto histórico «del desarrollo general de las fuerzas productivas y de los órdenes y vínculos sociales»[35].

---

[33] La corta película se puede ver en el siguiente enlace: https://www.youtube.com/watch?v=G2Sutv2zhT4

[34] Antonio Gramsci (1999: Cuaderno 8 (XXVIII), p. 20, *Cuadernos de la cárcel*, Ediciones Era, México D.F.

[35] Véase Raymond Williams (2012: 76), *Cultura y Materialismo*, La Marca Editora, Buenos Aires.

Por eso es tan absurdo hablar de las instituciones públicas como meras conquistas democráticas o artefactos netamente del lado del movimiento obrero democrático. Es una visión estéril que no ayuda a entender que, en estas instituciones, como la educación pública por ejemplo, es dónde se da la batalla por ir perfilando, de modo complejo y cambiante, lo que Raymond Williams llama una «cultura dominante»[36].

¿Están los niños y niñas en edad infantil siendo sexualizados en la escuela pública? ¿Se les ofrecen mensajes obscenos que coaccionan su natural espontaneidad sexual como mantienen algunos movimientos de derecha y extrema derecha? Esta es una de las batallas cruciales que se dan frente a los que plantean que el hecho de que la sexualidad esté en las escuelas es un avance democrático, un avance de los de abajo que está siendo combatido por la reacción. Es un avance para los de abajo ya que distribuye conocimiento y ofrece herramientas, esto es, poder, tanto a menores de edad como a menores en situaciones de exclusión que acceden a la escuela pública. En especial, es un avance también para las niñas ya que permite que se discuta la cultura dominante relativa a la forma de organizar y ejercer su sexualidad que históricamente les ha perjudicado. Sin embargo, merece la pena detenerse brevemente en este ejemplo para clarificar algunos aspectos de cómo funciona la sociedad mediatizada y cómo se consolida en determinados momentos cierta cultura dominante.

Probablemente, si ahondamos en el ejemplo anterior, el resultado de esa batalla entre movimientos de derecha que quieren eliminar la sexualidad de las escuelas y movimientos democráticos que abogan por que se aborde esta cuestión no va a ser de suma cero. Es posible que lo que resulte de este enfrentamiento de concepciones de la escuela pública sea una articulación concreta de ambas visiones, más que la eliminación completa de una de las alternativas. Es decir, cuando se da una conquista de un territorio y se vence la batalla, el siguiente paso es siempre integrar los restos del oponente de forma subordinada. De hecho, integrar al oponente de forma subordinada, incorporar visiones alternativas a la cultura dominante pero solo de forma parcial y poco determinante es la única manera de asegurar la hegemonía[37].

Por lo tanto, la historia de los llamados «medios de comunicación de masas» desde principios del siglo XX transcurre de un modo paralelo al surgimiento de los partidos de masas no por casualidad. El uso específico que se le da a ciertas tecnologías como la televisión o el cine tiene que ver con su integración en formas más amplias de organización social. Está relacionado, en última instancia, con la batalla entre el avance del

[36] *Ibid.*, pp. 58-59.
[37] *Ibid.*, p. 60.

movimiento obrero-democrático y las formas de contención del mismo desde el Estado liberal. Estas formas de contención, como hemos explicado en los capítulos anteriores, se tienen que desplegar en forma de una lucha por el «consentimiento» del pueblo, y en última instancia por la construcción misma del pueblo y su contenido. Por esto mismo, observamos que en el desarrollo del cine y de la televisión se dan formas de monopolio u oligopolio capitalista y a la vez, formas de resistencia o bien apropiación de estas tecnologías por parte de sectores populares subalternos. Esta lucha volverá a aparecer de nuevo en el último giro tecnológico que representa una segunda etapa en el proceso de totalización mediática: el surgimiento de internet y las redes sociales.

## 4. REDES SOCIALES Y ESFERA PÚBLICA DIGITAL

> Los tipos de máquinas se corresponden fácilmente con cada tipo de sociedad, no porque las máquinas sean determinantes, sino porque expresan aquellas formas sociales capaces de generarlas y utilizarlas.
>
> Gilles Deleuze, *Postscript on the Societies of Control*[38].

El sociólogo Manuel Castells, aparte de haber sido ministro de universidades en el primer gobierno de coalición entre 2020 y 2021, también es un académico reconocido especialmente por sus trabajos acerca de la sociedad red y el impacto de internet en las sociedades contemporáneas. En sus múltiples libros, Castells explora los grandes cambios que a partir de los primeros 2000 trajo la masiva implantación de internet. En un principio, la explosión de investigaciones desde diversas disciplinas sobre internet generó una brecha entre dos grupos enfrentados: aquellos que podríamos llamar tecnófobos y en el otro extremo los que podríamos denominar tecnófilos.

En general, y simplificando mucho la complejidad de toda su obra, Castells se situaba entre los segundos, es decir, identificaba la extensión de las nuevas tecnologías de la comunicación con potencialidades muy positivas. Si había que posicionarse con alguien en la batalla entre tecnófobos y tecnófilos, no era difícil posicionarse con Castells, no solo por sus agudos y originales análisis, sino también por oposición a cómo se decantaba a veces la posición tecnófoba. Esta última aparecía con fre-

---

[38] Traducción propia del original «Types of machines are easily matched with each type of society—not that machines are determining, but because they express those social forms capable of generating them and using them», Gilles Deleuze (1992 [1990]: 6), «Postscript on the Societies of Control», *October*, vol. 59 (Winter, 1992), pp. 3-7.

cuencia como un sector malhumorado renegando de las grandes posibilidades y sobre todo del avance en las comodidades que proveía para el día a día la consolidación de internet. El problema, como también pasó con los análisis iniciales acerca de los medios de comunicación de masas, era convertir esto en un debate meramente técnico, dejando a un lado la capacidad de apropiación de los usos técnicos y la integración de las tecnologías en procesos más amplios de desarrollo económico y social.

Más allá de estas precisiones, lo cierto es que la extensión de internet y de las nuevas tecnologías de la comunicación a principios de siglo permitió retomar el debate acerca de los efectos positivos o negativos de los medios de comunicación de masas y la televisión. Como hemos visto más arriba, tanto Marcuse como Baudrillard —así como otros muchos autores— retomaron un desencanto weberiano[39] respecto a la extensión de la televisión y la sociedad de consumo. La televisión no nos hacía más libres sino todo lo contrario, nos impedía decodificar los procesos claves para poder decidir sobre nuestra vida y nos sumergía en un mar de signos inabarcable. Respecto a esta visión, la extensión de internet y la descentralización del conocimiento que supuso en un primer momento hizo que los tecnófilos vencieran rápidamente a sus oponentes. Por ejemplo, en las elaboraciones de Castells se plantea que la descentralización de las redes de comunicación que supone internet implica también una redistribución del poder[40].

El argumento ampliado sería el siguiente: vivimos en sociedades informacionales en las que la acumulación del conocimiento es el pilar que estructura la sociedad, es decir, aquellos que logran acumular más información se hacen con el poder[41]. En este contexto, la potencialidad técnica que despliega las redes de internet tiene implicaciones para la distribución del poder, y desarticula gradualmente los centros de poder clásicos. Muy en línea con esta tesis, los primeros 2000 fueron tiempos de experimentación informacional en las redes y de muchos proyectos interesantes de lo que se llamó la contrainformación o información alternativa. De pronto, internet daba la posibilidad de llegar a mucha gente con poco esfuerzo y eso generó una inmensa proliferación de alternativas a través de las cuales la gente se interconectaba con propósitos políticos, musicales, o meramente por ocio.

---

[39] Max Weber, sociólogo alemán fue conocido entre otras muchas cosas por su metáfora de la jaula de hierro, que representaba un cierto desencanto derivado de la modernidad y la racionalización. Véase Max Weber (2021 [1905]), *La ética protestante y el espíritu del capitalismo*, Biblioteca Virtual Omegalfa.

[40] Manuel Castells (2009), *Comunicación y poder*, Alianza, Madrid.

[41] Véase Manuel Castells (2006: 33-34), *La Sociedad Red. Una Visión Global*, Alianza, Madrid.

Esto creó un ecosistema muy descentralizado, aunque con difícil acceso y seguimiento, ya que se debía encontrar la ruta de acceso de ese tipo de páginas. Internet permitió que la comunicación pasase de ser unilateral con receptores relativamente pasivos de información —el modelo de la televisión— a bilateral con la idea de «prosumidores» —tanto consumidores como productores de información—. De este modo, explotó una brutal producción de información y conocimiento desde múltiples lugares[42]. Los buscadores servían para navegar por un ecosistema digital poco centralizado. Durante esta época, no se produjo el cambio esperado por algunos tecnófilos en la sociedad a partir del acceso a internet. Es verdad que los movimientos sociales y los sectores ya anteriormente politizados empezaron a hacer un uso muy interesante de la comunicación digital, generando nuevas fuentes de información y comunicación entre los distintos nodos activistas. Pero la extensión de internet en la época previa a las plataformas no produjo una transformación política ni mucho menos. La gente en general tendía a reproducir el consumo de información que ya realizaba *offline* y sobre todo a partir de los grandes medios de comunicación. Quizá buscaba blogs especializados en ciertas materias, para acceder a información específica o leer noticas provenientes de marcas ya conocidas en el mundo *offline*. Por lo tanto, la primera época de internet y los medios digitales, que podemos decir que fue una época de microproyectos descentralizados, no produjo un cambio medular en el paradigma comunicativo y social. Un cambio de mayor envergadura tuvo lugar con la implantación y el desarrollo de las plataformas, aunque con un cariz notablemente más negativo.

En contraste con este ambiente positivo hacia internet, en su libro *Stuck on the Platform*[43], publicado en 2022, Geert Lovink —un relevante estudioso y activista de internet durante décadas— dedica un capítulo a la muerte de las redes digitales que titula *Requiem for the Network*. En este capítulo, relata cómo la idea de las redes digitales como una instancia emancipadora ha desaparecido del vocabulario y que más bien, una sombra negra se cierne sobre esta idea, como una tecnología controlada por plataformas. La idea de plataforma parece estar ahora mismo en el centro del debate para entender cómo la organización comunicativa y

---

[42] Daniel Innerarity (2022: 159), *La Sociedad del Desconocimiento*, Galaxia Gutenberg, Barcelona; véase también Ignacio Sánchez-Cuenca (2022: 88-90), *El desorden político: Democracias sin intermediación*, Los Libros de la Catarata, Madrid.

[43] Véase Geert Lovink (2022: 51-74), *Stuck on the platform. Reclaiming the Internet*, Valiz, Amsterdam; también Cioffi, J. W., Kenney, M. F., y Zysman, J. (2022), «Platform power and regulatory politics: Polanyi for the twenty-first century», *New Political Economy*, 27(5), pp. 820-836.

social se estructura en internet y el conjunto de los medios de la esfera pública contemporánea.

A partir de la segunda década de los 2000, es cuando las plataformas empiezan a cambiar el ecosistema digital centralizando la creciente mayoría de las interacciones comunicativas digitales. Así llegamos hasta la época actual en la que el paradigma de las plataformas significa un cambio importante. Las plataformas sirven para acumular y gestionar de modo centralizado valor e información. Por un lado, las grandes plataformas como X, Amazon, o Meta gestionan el uso de datos privados de usuarios para mediar con otras compañías más periféricas centradas en el comercio digital. A nivel usuario, las grandes plataformas cambian el modo de circulación de la información. Ya no es necesario navegar hasta encontrar blogs o páginas webs recónditas. Todo está en la plataforma, que ha sistematizado el análisis de nuestros gustos y prácticas de consumo para diseñar un espacio digital a medida y sugerir nuevas fuentes de información en consonancia con nuestros gustos. En relación con esto, ha brotado la investigación sobre las cámaras de eco, como comunidades cerradas que afianzan cada vez más los gustos y posiciones ideológicas de los individuos debido a que el algoritmo los refuerza. Pero, ¿cómo ha afectado en líneas generales la generalización de la comunicación digital y las plataformas a la esfera pública en las democracias contemporáneas?

Ciertamente, ha habido cambios importantes y sustanciales tanto estrictamente en las formas comunicativas como en las formas de organización social relacionadas con estas. Sin embargo, es necesario notar primeramente que hay más continuidades con la totalización mediática del siglo XX que las que normalmente se suelen admitir. En esta línea, el discurso público suele asociar determinados problemas actuales exclusivamente a características propias de las redes sociales y obvia que pueden tener raíces más profundas en los cambios que se produjeron anteriormente en el siglo XX. Por ejemplo, la cuestión de la concentración de la propiedad y la relación entre medios de comunicación y capital, abordada en relación a la televisión y los medios de comunicación de masas tradicionales[44], continúa siendo central en la época de las redes digitales. En términos generales, podemos decir que, aunque el sistema de producción de la comunicación —cómo se vincula la comunicación y la esfera pública con las formas productivas de capital—, es similar a la época de los medios de comunicación de masas, el modelo ha cambiado en importantes aspectos.

En primer lugar, las redes digitales y las plataformas empiezan a ser los centros a partir de los cuales se organiza el flujo comunicativo y del

[44] Véase Ben H. Bagdikian, *op. cit.*

mismo modo los flujos más potentes de rentabilidad. No significa necesariamente que la televisión y la radio vayan a desaparecer, sino que tienen que readaptarse a un sistema de circulación de la información diferente[45]. Por ejemplo, cada vez más programas de televisión invitan a famosos *youtubers* a trasladar su contenido, y, por lo tanto, sus seguidores, a la televisión. En esta misma línea, cada vez más las noticias se basan en el filtrado previo del impacto que provocan en las redes. Este viraje hacia las redes digitales también afecta al ecosistema de la esfera pública que se da en torno a fundaciones, asociaciones, centros culturales u otras organizaciones de este tipo que necesitan, por un lado, volcar su contenido en las redes sociales y las plataformas y, por el otro, hacerse eco y traer a sus foros el contenido producido en redes sociales.

En segundo lugar, la masificación de la comunicación digital también ha afectado a la expansión y circulación de múltiples imágenes sobre la identidad personal del individuo en los diferentes escaparates de internet. Se ha reforzado la idea de individualismo masivo que ya apuntaba Baudrillard[46], es decir, la idea de un individuo con tantas identidades múltiples que casi se puede fundir con la masa. Acaba siendo nadie al ser tantos a la vez. La filosofía de plataforma genera un impulso individual para crear tu propia plataforma que proyecte tu yo en el mercado digital y lo rentabilice. A su vez, esta filosofía implica una dominación del deseo y las ambiciones de las nuevas generaciones por crear sus propias plataformas[47]. Cada vez más *influencers*, algunos de ellos de los más potentes en habla hispana, consideran que quien trabaja es tonto o es un perdedor. Por ejemplo, el año 2024 fue el año del *influencer* Amadeo Llados que empezó a aparecer en artículos periodísticos, tertulias y debates sobre la relevancia de este personaje. Este *youtuber* y *tiktoker* creció como entrenador personal pero su gran explosión respecto a número de seguidores tuvo que ver con sus servicios asesorando a nivel psicológico y vital.

Como muchos otros cursos de emprendimiento, pero esta vez de una manera notablemente más agresiva, Llados triunfaba con frases de este

---

[45] Paolo Gerbaudo, *op. cit.*, pp. 120-121.

[46] Véase Jean Baudrillard (1999: 32), *El intercambio imposible*, Madrid, Cátedra. «En la fase definitiva de su "liberación", de su emancipación al hilo de las redes, las pantallas y las nuevas tecnologías, el individuo moderno se convierte en un sujeto fractal, a un tiempo subdivisible hasta el infinito e indivisible, cerrado sobre sí y abocado a una identidad sin fin. Se trata por así decirlo del sujeto perfecto, el sujeto sin otro, cuya individuación ya no es en absoluto contradictoria con la condición de masa. Todo lo contrario: es la multiplicación del efecto de masa en cada parcela individual, cada una de las cuales resume en sí misma la serialidad, la estructura estrellada y metonímica de la masa, cuya característica es que se puede sustituir a sí misma punto por punto».

[47] Véase Geert Lovink, *op. cit.*, p. 98.

tipo: ««Si un mileurista con panza se ofende conmigo es porque su vida es ofensiva; se ha abandonado y no ha luchado lo suficiente»[48]. El fenómeno Llados, en efecto, aunque solo es una muestra más reconocida de todo un movimiento, expresa un giro subjetivo que da forma a las aspiraciones y los horizontes vitales de los más jóvenes. Llados creció y llegó al éxito creando su propia plataforma, saltando por encima de las regulaciones molestas del Estado, de sus instituciones educativas, de sus valores y visión del mundo. La revolución de las plataformas ha vinculado la idea neoliberal de la desregulación y la mercantilización con la economía digital y ha tomado una propulsión sin precedentes. Las plataformas son espacios de mercado que sirven para vincular compradores y vendedores y facilitar intercambios que de este modo acumulan valor y hacen crecer a la plataforma[49].

De forma mucho menos glamurosa, la promesa de la economía de plataformas en muchos casos cristaliza en trabajos a demanda ofrecidos desde plataformas como Uber o Deliveroo. Algunos estudios han mostrado cómo en estos tipos de trabajos hay una gran cantidad de trabajo no pagado[50]. Por ejemplo, IKEA ofrece un servicio de *taskers* que pueden acudir al domicilio para montar los muebles previamente adquiridos por los clientes en la empresa. La empresa se lleva una importante comisión y los trabajadores se tienen que dar de alta como autónomo y cubrir desplazamiento, materiales de trabajo o posibles accidentes laborales. Además, hay sentencias firmes en varios países europeos que han condenado a plataformas como Deliveroo o Globo por no respetar los mínimos derechos de los trabajadores. Por lo tanto, la economía de plataformas ha permitido en principio —habrá que ver cómo este giro regulatorio impacta en esta situación— nuevas formas de explotación de los trabajadores que creíamos marginales en las sociedades de Europa occidental.

Otro fenómeno importante derivado de la economía de plataformas es el llamado *crowdworking* donde se crean *pools* de trabajadores cuya actividad es pública y son evaluados a partir de criterios de efectividad y productividad lo que crea una competitividad exacerbada[51]. Como

[48] Véase entrevista a Llados en *El Mundo* del 23 de agosto de 2023 con el título «Amadeo Lladós: "Si un mileurista con panza se ofende conmigo es porque su vida es ofensiva; se ha abandonado y no ha luchado lo suficiente"»: https://www.elmundo.es/papel/2023/08/22/64e4aab2e4d4d8cf498b459b.html

[49] Véase Geert Lovink, *op. cit.*, p. 100.

[50] Véase Cini, L. (2023), «How algorithms are reshaping the exploitation of labour-power: insights into the process of labour invisibilization in the platform economy», *Theor Soc*, 52, pp. 885-911, https://doi.org/10.1007/s11186-023-09520-9

[51] Véase Steffen Mau (2019), *The Metric Society. On the quantification of the social*, Polity Press, Cambridge.

ejemplo, en el portal *Amazon Mechanical Turk* se ofrece acceso a «una fuerza de trabajo global, en demanda, y disponible 24x7»[52]. Parece el sueño húmedo de cualquier empresario obstinado que quiere minimizar costes laborales. El empresario ya no tiene que recurrir a complicadas maniobras para garantizar un ejército de reserva de trabajadores, para que la competencia entre ellos aumente y los costes bajen, sino que las plataformas les permiten acceder a una bolsa de trabajadores que compiten a nivel global y que ni siquiera tienen una costosa vinculación laboral con la empresa. Los trabajadores que se conectan a la plataforma desde todo el mundo cobran una remuneración irrisoria por realizar microtareas como rellenar encuestas o transcribir recetas escaneadas, y Amazon se lleva un 10 por 100 de todo el intercambio[53]. El poder obtener tareas bien pagadas muchas veces depende de las conexiones que tenga el trabajador y de las evaluaciones que reciba por parte de los clientes que muchas veces tienen que ver con la rapidez con la que finaliza la tarea. Por otro lado, el cliente tiene derecho a no pagarle si considera que la tarea no está bien realizada. Además de Amazon, las investigaciones más recientes sobre este tipo de trabajos muestran que las compañías mueven su bolsa de empleo a lugares del sur global donde hay grandes posibilidades de reducir al máximo los costes laborales, en concreto entre refugiados climáticos o desplazados[54].

En el caso del *crowdworking* en plataformas también los tribunales han fallado en algunos casos a favor de los trabajadores exigiendo que las empresas garanticen un marco de derecho laboral en este tipo de prestación de servicios. Por ejemplo, el Tribunal Federal Alemán falló en 2021 en este sentido[55]. De todas formas, es difícil que el derecho laboral se imponga en estos casos debido a la flexibilidad y al carácter informal de este tipo de trabajos y además por la facilidad de las empresas para operar con sede jurídica en otros lugares que no dispongan de esa legislación laboral. De hecho, algunas empresas de *Riders*, por ejemplo, De-

---

[52] La frase original en inglés es: *Access a global, on-demand, 24x7 workforce*. Véase la página web https://www.mturk.com/

[53] Véase el artículo publicado el 11 de mayo de 2015 en *El diario.es* con el título «La trastienda de Mechanical Turk, al descubierto: ellos son los auténticos precarios de internet»: https://www.eldiario.es/hojaderouter/internet/mechanical-turk-amazon-jeff-bezos-bassam-tariq_1_2680887.html

[54] Véase el reportaje «Refugees help power machine learning advances at Microsoft, Facebook, and Amazon» del 22 de septiembre de 2021 de Phil Jones en Rest of the World: https://restofworld.org/2021/refugees-machine-learning-big-tech/

[55] Véase Jesús Martínez Girón (2021), «La laboralización de los trabajadores al servicio de plataformas digitales por la jurisprudencia, en Alemania. Un estudio comparado con el derecho español», *Revista Crítica de Relaciones de Trabajo, Laborum*, n.º 1, pp. 181-193.

liveroo, abandonaron España tras el fallo que les obligó en 2021 a contratar y garantizar derechos a sus trabajadores. Tanto con las empresas de *Riders* como en el caso de las plataformas de *crowdworking*, las empresas alegan que la relación es mercantil entre sujetos autónomos (el trabajador y el cliente). Por el contrario, desde el derecho laboral se alega que la plataforma (la empresa), organiza, enmarca y obtiene beneficios de la prestación de servicios y por lo tanto debe responsabilizarse. Aunque esto último sea más que evidente en la jurisprudencia europea, la dificultad es poder encajar de manera efectiva estas prácticas dentro del marco laboral.

En tercer lugar, la extensión de las redes digitales e internet ha aumentado la capacidad de las grandes plataformas para intervenir de manera más precisa en las vicisitudes vitales de los individuos, así como en las pautas de organización social. Las grandes plataformas dominadoras de la ecología digital dinamizan la oferta y la demanda que tiene lugar en su espacio digital. Por lo tanto, su mecanismo consiste en obtener información de los consumidores que navegan en la plataforma para poder luego reajustar y permitir a empresas vender a esos mismos consumidores en esas plataformas. Todos hemos exclamado sorprendidos tras navegar por nuestras redes sociales y ver anuncios personalizados: «pero ¿cómo pueden saber que quería unas gafas de sol? ¡De repente me ha aparecido un anuncio de gafas de sol en Facebook o Instagram!». Como quedó demostrado hace pocos años en el caso de Facebook, es una práctica habitual utilizar la información privada de los usuarios para negociar con empresas afines o competidoras[56]. Al mismo tiempo hay que notar que, aunque la práctica de Facebook (ahora Meta) y otras grandes tecnológicas se saltase la legalidad, lo cierto es que cualquiera puede acceder a una gran cantidad de datos solo a partir de nuestra navegación por la red y los rastros que «legalmente» quedan registrados[57].

En términos generales, la fase de la ecología digital de las plataformas ha supuesto una concentración de la propiedad de los flujos de comunicación digital —y toda la producción económica y de valor asociada— comparable a la época de los grandes conglomerados televisivos que han sido mencionados más arriba (los Murdock, los Berlusconi)[58]. De hecho, en la Unión Europa ahora mismo se da una batalla abierta entre los modos de regulación de la economía digital. Después de observar las con-

[56] Véase artículo de *La Vanguardia* del 7 de noviembre de 2019 con el título «Facebook usó los datos personales de sus usuarios como moneda de cambio para manipular a sus competidores»: https://www.lavanguardia.com/tecnologia/actualidad/20191107/471440364991/facebook-datos-personales-manipular-comprar-competidores.html

[57] Véase Daniel Innerarity, *op. cit.*, pp. 165-166.

[58] *Ibid.*, pp. 207-210.

secuencias de un enfoque permisivo con las grandes tecnológicas durante una década —circulación masiva de bulos, uso de datos privados—, la Ley de Servicios Digitales (DSA) aprobada en abril de 2022, abre una nueva etapa en la Unión Europea[59]. No está del todo claro cuáles van a ser las consecuencias para las grandes tecnológicas de esta regulación debido al gran poder que estas tienen como *lobby* en los entornos de Bruselas. La materialización de la DSA puede enfocarse hacia una vertiente de autorregulación de las plataformas y buenas prácticas, o a una mayor intervención en la que los Estados miembros y sus gobiernos tendrían un papel fundamental. Lo que sí está claro de partida es que esta regulación no va a cambiar la estructura general del ecosistema digital, sino que va dirigida a intentar paliar algunos de sus efectos más visibles y preocupantes como la circulación de bulos y noticias falsas. Como telón de fondo, sin embargo, está el debate acerca de la estructura material y de propiedad de la esfera digital comunicativa y cómo esto tiene consecuencias para la conformación de una esfera pública democrática. Ese debate está fuera del marco de nuestros reguladores, pero es sin duda la cuestión fundamental si lo que queremos es garantizar una esfera pública que sirva para expandir la democracia; esto es, para facilitar que los ciudadanos reconozcan, debatan y formulen preferencias acerca de los asuntos colectivos de su comunidad, Estado o región.

Uno de los aspectos que suele pasar desapercibido en este debate son las implicaciones ecológicas de la constitución de nuestro internet global. Por un lado, internet requiere una inmensa red de cables transoceánicos[60] que se han ido desarrollando en las últimas décadas y que ahora mismo son el sostén de nuestro paradigma social y comunicativo. Aunque esto parezca obvio, no siempre se reflexiona sobre esta dimensión material transoceánica y las implicaciones relativas a su propiedad, mantenimiento y uso. De hecho, el origen de la estructura de cableado que ahora sirve de base para nuestro internet global está en el desarrollo de comunicaciones telegráficas del imperio británico y la apropiación y monopolio de ciertos materiales en sus colonias para el desarrollo de estas conexiones de cable[61]. A día de hoy, si nos paramos a pensar en la propiedad y los niveles de inversión más reciente en cable submarino, empezaremos a comprender mejor los límites que tienen los esfuerzos regulatorios, por ejemplo, de

[59] Véase John W. Cioffi, Martin F. Kenney y John Zysman (2022), «Platform power and regulatory politics: Polanyi for the twenty-first century», *New Political Economy*, 27:5, pp. 820-836.

[60] Véase Ekaitz Cancela (2023: 21-34), *Utopías Digitales. Imaginar el fin del capitalismo*, Verso, Barcelona.

[61] Véase Hunt, B. J. (2021), *Imperial Science: Cable Telegraphy and Electrical Physics in the Victorian British Empire*, Cambridge: Cambridge University Press.

estructuras de gobernanza transnacional como la Unión Europea. En la última década, los llamados gigantes tecnológicos (Meta, Google, Microsoft y Amazon), han comenzado a invertir y a comprar extensiones de cable submarino con lo que actualmente explotan cerca del 70 por 100 de todo el tejido global de fibra óptica. Así mismo, tienen participaciones en cada vez un número mayor de cables submarinos de gran extensión[62].

Es necesario reflexionar acerca del impacto sobre el ecosistema comunicativo de estas grandes corporaciones[63]. Toda la infraestructura material que da soporte a nuestro sistema comunicativo y social depende de estas gigantescas empresas tecnológicas que tienen interés en expandir el negocio de los cables submarinos y adquirir cierta prominencia o monopolio en la gestión de los datos que viajan por ellos. Los cables submarinos son solo una de las caras poco conocidas de la infraestructura material de internet, pero hay otra crecientemente relevante que tampoco es demasiado atendida en el debate público. Esta segunda cara son los llamados centros de procesamiento de datos, otra de las infraestructuras imprescindibles para que todo nuestro sistema de comunicación y ordenación social siga en pie. Estos centros hacen posible que la fibra óptica transoceánica se conecte a los *routers* y servidores para hacer circular la información[64].

El problema viene cuando nos damos cuenta de que estos grandes centros de datos —en ocasiones de tamaño equivalente a 223 campos de futbol, como el *China Telecom Data Center*—, son de nuevo propiedad de grandes corporaciones que a la vez gestionan grandes bolsas de vivienda. Estos inmensos centros de datos son gestionados directa o indirectamente por las grandes tecnológicas como Amazon Web Service, Microsoft Azure o Google Cloud[65]. Los centros de datos son la base digital de la economía global y facilitan, por ejemplo, las computaciones algorítmicas necesarias para que los bancos operen a nivel financiero, así como los servicios de la nube y el funcionamiento óptimo de internet. Con una economía tan extremadamente financiarizada los centros de datos se han convertido en uno de los sectores con mayor expansión. Muestra de ello es que en 2021 se constituyó la asociación empresarial *Spain DC* que pretende coordinar los centros de datos en España, así como los planes de inversión en este sector y las negociaciones necesarias con la administración pública.

Aparte de Madrid y Barcelona, la región de Aragón se presenta como una de las regiones que más está atrayendo inversión en centros de datos,

---

[62] Véase Ekaitz Cancela, *op. cit.*, pp. 25-27.
[63] Daniel Innerarity, *op. cit.*, p. 210.
[64] *Ibid.*, p. 35.
[65] *Ibid.*, p. 36.

en parte por la mayor disponibilidad de territorio. Entre 2024 y 2033 la filial tecnológica de Amazon, *Amazon Web Service*, invertirá 15.700 millones de euros en la comunidad de Aragón, constituyendo la mayor inversión tecnológica en el sur de Europa y la mayor inversión de una empresa extranjera en España[66]. En total, las instalaciones digitales ocuparán más de 350 hectáreas en la región aragonesa y producirán un crecimiento previsible de empleo y rentabilidad económica. Esto supone un inmenso entramado tecnológico que se convertirá en uno de los complejos más grandes del mundo. En la línea de los objetivos de *Spain DC*, el ejecutivo aragonés ha pujado por esta inversión ofreciendo la mayor flexibilidad a Amazon, lo que ha conllevado que aprobase una declaración de este proyecto como PIGA o de interés general. Este hecho no es baladí ya que liga el proyecto con las necesidades de provisión de suelo y provisión energética, para las que Aragón está muy bien posicionado. Esto implicará también la reducción en los costes de trámites y regulaciones que tendrá que llevar a cabo Amazon, así como incluso la posibilidad de realizar expropiaciones si el proyecto lo requiriese. El caso de Aragón es especialmente significativo y nos sirve para entender cómo el ecosistema digital reestructura tanto los procesos comunicativos como socioeconómicos en las regiones y marca los contornos generales de la esfera pública. La inversión de Amazon en la región también supondrá una conexión con la Universidad Pública de Zaragoza y la privada Universidad San Jorge, así como una inversión prioritaria en los sectores de investigación tecnológicos. No solo a nivel universitario, sino que la iniciativa *AWS Think Big Space* pretende llevar a las escuelas una variedad de talleres de robótica y realidad virtual y ayudará a los estudiantes a familiarizarse con la nube de Amazon[67].

Por lo tanto, el nuevo ecosistema digital y su impacto en la constitución de esferas públicas que median entre el Estado y la sociedad civil no solo tiene que ver con que ahora nos comuniquemos más por *Tik Tok* o *Instagram* en vez de consumiendo programas televisivos. De forma mucho más significativa, tiene que ver con la reestructuración socioeconómica —como hemos visto la gran inversión de Amazon en Aragón tienen

[66] Véase el artículo de *El País* de 22 de mayo de 2024 con el título «Amazon invertirá 15.700 millones en una megarred de centros de datos en Aragón»: https://elpais.com/economia/2024-05-22/amazon-invertira-15700-millones-en-una-red-de-centros-de-datos-en-aragon.html

[67] Véase la noticia publicada en la página web de Amazon el 15 de diciembre de 2023 con el título «Think Big Space, la iniciativa educativa de formación tecnológica de AWS que llegará a 3.500 estudiantes aragoneses en un año»: https://www.aboutamazon.es/noticias/aws/think-big-space-la-iniciativa-educativa-de-formacion-tecnologica-de-aws-que-llegara-a-3500-estudiantes-aragoneses-en-un-ano

implicaciones, políticas, sociales y educativas— y la expansión de sectores de alta rentabilidad. Dicho de otro modo, el crecimiento económico y las posibilidades de expansión capitalista son la base sobre la que se genera todo un complejo socio-comunicativo. Esto da lugar a fenómenos específicos de comunicación apoyados en un internet potente y grandes redes de centros de datos. Por supuesto que las esferas públicas van más allá del ecosistema digital, pero todas las expresiones de comunicación públicas hay que pensarlas forzadamente en relación al complejo material de infraestructuras que genera este nuevo giro económico.

En Aragón, por ejemplo, la inversión de Amazon dará lugar a cerca de 7.000 puestos de trabajo en una región que tendía a la despoblación, reubicará a la región en las redes internacionales, y a nivel del Estado español y la Unión Europea. Al mismo tiempo, redefinirá las líneas de lucha y oposición que se darán entre la dominación de las grandes tecnológicas y las clases proletarizadas de la región, como ya ha ocurrido en otros lugares. Por ejemplo, en la región metropolitana de Santiago de Chile ya se están articulando movimientos de oposición a la instalación de más centros de datos por parte de las grandes tecnológicas[68]. Estas nuevas relaciones sociales se expresarán tanto *online* a través de la red social X o Instagram, como de modo presencial en movimientos en las plazas, nuevas agrupaciones sociales y potencialmente nuevas dinámicas de asociación de los trabajadores. Por lo tanto, lo importante de la época digital no es que nos comuniquemos con emoticonos, sino todo el conjunto de relaciones sociales novedosas que se articulan a partir de la expansión del sector tecnológico. De nuevo, esto no supone una visión determinista de la comunicación, sino darse cuenta de que el proceso es lanzado y avanzado por los sectores punteros de la economía, con plasmaciones diferentes según cómo los sectores sociales se adaptan a esta marcha económica del capitalismo.

El asentamiento de grandes complejos de centros de datos modela las potencialidades tecnológicas, su impacto social y ecológico y las formas particulares de expresión comunicativa: almacenamiento de información en nubes, grandes bases de datos compartidas, etc. La gran capacidad de computación afecta sobre todo a la extracción de rentabilidad por parte de las empresas manejando grandes bases de datos a tiempo real y conjugando esto con una producción y un consumo ajustados a las predicciones algorítmicas. Los perfiles financieros de los ciudadanos y las posibilidades de inversión y rentabilidad dependen en el mundo digital de

---

[68] Véase el reportaje de *Rest of World* del 31 de mayo de 2024 con el título «U.S tech giants are building dozens of data centers in Chile. Locals are fighting back»: https://restofworld.org/2024/data-centers-environmental-issues/

la posibilidad de computación a gran escala[69]. A nivel político, y como se refleja claramente en el caso de Aragón y el complejo de centros de datos propulsado por Amazon, parece que los gigantes tecnológicos marcan la pauta en varias dimensiones. En primer lugar, la ocupación de un inmenso terreno para la instalación de centros de datos tiene un impacto ecológico increíblemente significativo, que ni siquiera aparece en el debate público. Pensemos que el proyecto en Aragón ocupará un terreno equivalente a más de 300 campos de fútbol.

Por otro lado, estos centros de datos dependen de una producción energética extraordinaria que según los planes de Amazon se apoyara sobre todo en energías renovables, así como en un inmenso consumo de agua. En tiempos de cambio climático y grandes retos ecológicos, cuanto menos llama la atención que los que aborden y decidan sobre el modo de enfrentar estos retos sean las grandes tecnológicas con una ausencia total de debate público y procedimientos democráticos de decisión. Por ejemplo, se plantean las situaciones paradójicas de que por ejemplo en Utah, Estados Unidos, el centro de la NSA tiene un gran consumo de agua, cercano a los 1,7 millones de galones de agua al día, mientras la población sufre una sequía severa[70]. Si bien se dice que los centros de datos van a ser sostenibles con la idea de los *Green data centers*, la mayor parte de los agentes reguladores asumen que hay problemas serios en la proyección de crecimiento de estos centros y su impacto ecológico y social. De hecho, la Comisión Europea planteó en 2022 un plan para trasladar centros de datos fuera del planeta tierra, lo cual nos dice mucho de los límites que este crecimiento exponencial de la computación de datos imprime a nivel ecológico y social[71].

## 5. MOVIMIENTO DEMOCRÁTICO Y ESFERA PÚBLICA

El recorrido histórico realizado en este capítulo nos permite llegar a ciertas conclusiones acerca de la idea de esfera pública. El concepto de esfera pública que fue historizado por Habermas, pero luego sacado de la historia para ser concebido como tipo ideal, debe entenderse como una instancia móvil, cambiante, asimétrica y múltiple. En primer lugar, la esfera pública a partir del desarrollo del Estado liberal capitalista ha

---

[69] Ekaitz Cancela, *op. cit.*, p. 39.

[70] *Ibid.*, p. 43.

[71] Véase noticia de *El País* de 26 de diciembre de 2022 con el título «Los centros de datos se trasladan al espacio para mitigar el consumo energético y la contaminación»; https://elpais.com/ciencia/2022-12-26/los-centros-de-datos-se-trasladan-al-espacio-para-mitigar-el-consumo-energetico-y-la-contaminacion.html

sido producida en el marco más global de una organización social alrededor del mercado y la acumulación de capital. Darnos cuenta de este contexto más general nos permite explicar propiedades y cambios importantes en las esferas públicas. Nos permite dar cuenta de sus límites y de la relación que las esferas públicas pueden tener con el movimiento democrático en sus ciclos de expansión o contención.

La esfera pública primigenia nacida en torno a las tres grandes revoluciones —la inglesa, la francesa y la americana— reflejó el carácter antidemocrático del Estado liberal. Era una esfera restringida cuyo carácter público era formal, es decir, facultaba a todos los individuos para participar en los mecanismos de intercambio social. Otorgaba una serie de derechos a las personas lo que les disponía en el mercado para rentabilizar su propiedad o, si no tenían propiedad, para vender su fuerza de trabajo. Como hemos visto en los capítulos anteriores, sobre todo en el capítulo 1, esta relación de exclusión civil y política debido a la explotación económica fue cambiando a lo largo el siglo XIX. El ascenso del movimiento obrero se ve acompañado del surgimiento de múltiples esferas públicas alternativas que chocaban e interactuaban con la esfera pública del Estado liberal. Esta es la época en la que el movimiento obrero tenía sus propios medios, periódicos, casas del pueblo que funcionaban efectivamente como tal, escuelas populares.

Esta primera esfera pública liberal funciona con dos fines principales. En primer lugar, permite la circulación de información necesaria en el marco de un Estado mínimo —recordemos que los Estados de esa primera época entre el siglo XVIII y XIX eran Estados con poco peso centrados básicamente en la seguridad y el mercado—. Esta información, como Habermas explica bien, sirve para coordinar el mercado a nivel nacional, cosa que no había sido necesariamente así hasta ese momento. Empieza a monitorearse la producción, distribución y consumo a nivel nacional y en vez de producir para consumo propio y venta de excedentes, empieza a producirse para el mercado abstracto[72], lo cual requiere coordinación. En segundo lugar, en esta esfera pública, también se discute la acción de las autoridades públicas a veces críticamente. Esta esfera pública restringe su acceso a partir de condiciones informales que tienen que ver con los recursos de capital cultural, político y económico.

La fase de ascenso del movimiento obrero democrático y la transformación que esto supone en el Estado liberal trastoca también la noción de esfera pública, sus límites y objetivos fundamentales. El proceso de integración de las capas proletarias y trabajadores en el proceso político

---

[72] Ellen Meiksins Wood (2016: 211), *Democracy Against Capitalism: Renewing Historical Materialism*, Verso Books, London.

que empieza a darse especialmente en la segunda mitad del siglo XIX tiene consecuencias para las formas de comunicación pública. Los primeros experimentos populistas, desde arriba con Luis Bonaparte después de 1848, pero también con movimientos populistas desde abajo como el propio movimiento obrero en algunos aspectos o los movimientos populistas en EEUU y Rusia, coinciden con un proceso de masificación de la esfera pública. El debate público empieza a variar con distintos ritmos, pero de forma clara hacia una discusión sobre los problemas del pueblo y se institucionalizan disciplinas como la sociología o la ciencia política, con un espíritu de reforma social en el último cuarto del siglo XIX. El movimiento democrático no se puede contener por más tiempo y desborda las barreras de entrada a la esfera pública que aparece cada vez más como un espacio de reconocimiento del pueblo, o de expresión de prácticas culturales de la nación; se empiezan a unificar estas prácticas también a través del consumo y de la integración de las capas excluidas a través de distintos mecanismos. A finales del siglo XIX y principios del siglo XX nacen nuevas tecnologías de la comunicación que sirven para expandir y multiplicar este proceso. Es la época que he denominado como totalización mediática.

El actual momento de expansión de las redes sociales y redes digitales ofrece nuevos instrumentos digitales, pero simplemente aumenta y radicaliza una lógica que nace a principios del siglo XX, con el nacimiento de los grandes medios. La sobreproducción, especialización y mercantilización mediática implica que se ponga en el centro de lo social la guerra mediática, la batalla cultural. Y en este punto no hay que ser ingenuos. Claro que las redes sociales e internet produjeron en su momento el surgimiento de proyectos alternativos e incluso hoy en día pueden surgir voces atípicas que conectan con determinados públicos específicos. Pero en general, las grandes plataformas se han consolidado como los grandes productores de verdad y de ignorancia manufacturada. Para entender el complejo ecosistema mediático en el que vivimos, que estructura las esferas públicas que median sociedad civil y Estado, hay que empezar debatiendo públicamente el rol de las grandes plataformas.

Tanto en política como en economía, la totalización mediática ha impuesto que lo que se haga tenga que pasar por el filtro de lo creíble. Hay que asegurarse de que la información «parezca verdadera», no de que sea una verdad o una falsedad[73]. Por eso tiende a ser poco efectivo apelar a las verdades científicas frente a los bulos, la propaganda o la publicidad sesgada. Precisamente porque este tipo de informaciones se amparan en la ciencia, utilizan medias verdades legitimadas científica-

---

[73] Cristopher Lasch, *op. cit.*, p. 109.

mente para incidir en los procesos sociales y políticos. Los famosos terraplanistas tienen todo un arsenal de ciencia pura que demuestra procesos —obviamente parciales— de modo factual. Por eso son capaces de mantener debates en directo que dan la impresión de un equilibrio entre dos visiones igualmente legitimadas. Lo que falta aquí es precisamente ver de dónde nacen estas dos visiones, cómo se organizan y refutan a lo largo del tiempo y los efectos materiales y distributivos que tienen en la vida de la gente.

Esta sobreproducción mediática hace imposible la gestión democrática de la información. Por lo tanto, bloquea el debate sobre los términos en los cuales se pueden discutir los asuntos colectivos, es decir, los términos para hacer política en el más básico de los sentidos. Nos paraliza y nos impide profundizar en el avance del movimiento democrático. Frente a ello, nuevas formas de apropiación popular de los recursos y medios que sirven para articular el ecosistema digital son necesarias como punto de partida hacia una esfera pública democrática. Estas formas de apropiación y autoorganización popular parten del conocimiento acerca de las infraestructuras materiales de los sistemas de comunicación digital y su impacto en las comunidades a nivel social y ecológico. Este debe ser el punto de partida esencial para luego proponer formas de articulación del debate democrático que por fortuna una serie de avance tecnológicos facilitan hoy en día.

Pero si la cuestión de la propiedad es un punto importante, no es el único que se debe abordar para desbloquear el avance democrático en el lado de la demanda política o la esfera pública. La cuestión de la deliberación, y de si las condiciones para la deliberación han cambiado sustancialmente en este contexto, es también un elemento fundamental. De nuevo en esta cuestión vemos más continuidades que rupturas si comparamos la fase marcada por la televisión y el cine y el período actual con las redes digitales y las plataformas. El concepto avanzado por Bernard Manin en 1997[74] de «democracia de audiencias», sigue teniendo absoluta vigencia, aunque quizá de un modo aún más marcado y acelerado debido a la extensión de las redes sociales. En su trabajo de 1997, Manin ya planteaba que los públicos habían tomado forma de audiencias, unas audiencias reactivas que responde a cómo los medios de comunicación, los políticos o las élites enmarcan los temas que están en juego. La diferencia es que hoy en día en las redes sociales los individuos tienen una gama mucho más amplia de herramientas para expresar su reacción frente a esta política espectáculo. Si antes el ciudadano medio podía gritar

---

[74] Bernard Manin (1997), *The Principles of Representative Government*, Cambridge University Press, Cambridge.

frente al televisor, ahora puede interactuar directamente con el líder político que ama u odia y manifestar su opinión o simplemente su *like* o *dislike*[75].

Por lo tanto, en la esfera pública digital vemos consolidarse un modelo reactivo, plebiscitario y basado cada vez más en los afectos que sirven para acortar y simplificar las posiciones. Pero este modelo, como se ha repetido varias veces en este capítulo, se fue desarrollando a lo largo del siglo XX, especialmente después de la Segunda Guerra Mundial, basado en una democracia de audiencias. Las audiencias no tienen demasiado poder proactivo ni para seleccionar los asuntos colectivos que son relevantes para la discusión pública, ni para deliberar sobre ellos y, por lo tanto, «componer» los distintos aspectos de un problema. Como consecuencia, tampoco están especialmente facultadas las audiencias para abordar las posibles soluciones al respecto. Es cierto que estos límites de la esfera pública digital no nos puede llevar a una inoperante condena moral o peor aún a situar como deseable una esfera más restringida y sosegada[76]. Aceptando como positiva la entrada de las masas en la conversación pública y la posibilidad que los medios digitales ofrecen para coordinar grandes capas de la sociedad —así lo han demostrado movimientos como el 15-M en España en 2011, o *Occupy Wall Street* en EEUU—, la cuestión es qué condiciones se necesitan para aprovechar estas potencialidades positivas. En términos más generales, la pregunta clave es cómo podemos recomponer los públicos para que su potencia democrática sea posible. Ese será el objeto del siguiente y último capítulo de este libro.

---

[75] Paolo Gerbaudo, *op. cit.*, pp. 122-123.

[76] *Ibid.*, p. 123.

## CAPÍTULO 4

# TEJER LOS HILOS DEL MOVIMIENTO DEMOCRÁTICO

La democracia es un objeto móvil no identificado. Hay quienes se abrazan a ella para luchar contra el populismo o la polarización, otros la reclaman como parte del movimiento socialista, y finalmente algunos enarbolan su bandera a la vez que luchan por opciones tradicionalistas o conservadoras. Por eso, las medidas objetivas y los indicadores de la democracia siempre van a destacar más unos aspectos u otros de la misma: la separación de poderes y la libertad de prensa, el grado de participación de los ciudadanos, o la soberanía del pueblo para decidir. Esto no quiere decir que no haya indicadores objetivos de democracia. Más bien señala que una cosa es medir una dimensión específica «de manera objetiva» y otra es integrar esas medidas para proponer evaluaciones de lo qué es o debe ser la democracia. Esto último es más complicado. Y si bien es cierto que los análisis actuales en ciencias sociales ofrecen evaluaciones inspiradoras de los problemas de la democracia[1], suele dejarse de lado su dimensión histórica. Esto es, cómo se ha compuesto el movimiento hacia la democracia a lo largo de la historia moderna. En vez de ceñirse únicamente a su cristalización en las democracias liberales de los últimos años en Europa occidental, observar qué conjunto de fuerzas han impulsado y constreñido la expansión democrática, puede dar nueva luz a esta cuestión; al menos es lo que se ha mantenido en este libro.

En este libro he intentado reflexionar acerca de la paralización en la que creo que nos encontramos trayendo las dimensiones históricas de la democracia a la discusión, aunque en ningún caso negando que los enfoques empiricistas sean inválidos o inútiles. Incompletos desde mi pun-

[1] Véase Adam Przeworsky (2024), «Who Decides What Is Democratic?», *Journal of Democracy*, Volume 35, Number 3, July 20, pp. 5-16; Jane Mansbridge (2003), «Rethinking Representation», *The American Political Science Review*, 97(4), pp. 515-528.

to de vista puede que sí. Algunos de los estudiosos actuales más perspicaces han dado cuenta de los problemas que trae ceñirse exclusivamente a una definición formal de democracia. Adam Przeworsky, por ejemplo, plantea lo siguiente, cuando reflexiona acerca de las medidas recientes de gobiernos dominados o leyes inspiradas por la extrema derecha en Europa occidental y Europa del este: «Me parece repulsivo [se refiere a las leyes anti-inmigración aprobadas en el Parlamento francés en 2024], pero ¿es "antidemocrático"? Cuando los valores que diferentes personas atribuyen respectivamente a la democracia entran en conflicto entre sí, ¿quién decide lo que es o no "democrático"?»[2]. Przeworsky es claro aquí alegando que mientras se respeten las reglas del juego democrático —pluralidad política, libre expresión, reunión y asociación, elecciones regulares y libres en la definición minimalista de la democracia[3]— no podemos hablar de que un movimiento o unas políticas como las de Giorgia Meloni en Italia o Marine Le Pen en Francia sean antidemocráticas o no democráticas. Esto resulta sin embargo extraño de manera intuitiva, especialmente cuando conocemos que el partido de Meloni tiene raíces en el movimiento social italiano heredero de Benito Mussolini. Por lo tanto, para resolver estos problemas clasificatorios a los que siempre llevan definiciones ahistóricas de este tipo, es necesario incluir la dimensión histórica de los sujetos colectivos y las luchas que han empujado la democracia[4]. De no hacerlo, estaremos muy desorientados porque, tal como argumenta Przeworsky, seremos ciegos ante el significado político de cualquier mayoría electoral, o gobierno elegido cumpliendo los criterios básicos de unas elecciones libres.

Para ello, he mapeado el surgimiento y desarrollo del movimiento democrático, así como de las luchas por el sufragio universal a lo largo del siglo XIX en el primer capítulo —el derecho más intuitivamente vinculado a la democracia—. Con este ejercicio se ha desvelado que el movimiento democrático en su dimensión histórica fue el avance hacia el sufragio, pero no solo. De forma muy importante, el movimiento democrático conjugó la lucha por el sufragio con dos impulsos democratizadores fundamenta-

---

[2] Adam Przeworsky, *op. cit.*, p. 8. Traducción propia.

[3] Mientras Adam Przeworsky defiende una definición mínima de democracia con sus precondiciones (elecciones libres y regulares), Robert Dahl incorpora otras dimensiones que tienen que ver con valores de igualdad, participación, inclusión, etc.; véase Robert Dahl (2005 [1961]), *Who governs? Democracy and Power in an American City*, Yale University Press, Yale; Adam Przeworsky (2019), *Crises of Democracy*, Cambridge University Press, Cambridge.

[4] Siguiendo la estela de otros ejercicios más en el campo de la filosofía política como José Luis Moreno Pestaña (2021: 7-8), *Los pocos y los mejores. Localización y crítica del fetichismo político*, Akal, Madrid.

les. El primero tuvo que ver con un cuestionamiento radical del Estado liberal capitalista en las exclusiones fundantes que estuvieron en su origen, esto es, en la expulsión fuera de la política de las discusiones sobre la explotación y la estructuración socioeconómica de la sociedad. En este sentido, la historia del movimiento democrático se manifestó con fuertes sacudidas que forzaron oleadas de inclusión de la cuestión social y económica en el Estado liberal. La cuestión social dentro de los Estados liberales capitalistas tomó varias formas: en primer lugar, las clases proletarizadas y su autoorganización política sacudió los cimientos del orden liberal y su democracia restringida. De forma paralela, a veces convergente y otras veces divergente con el movimiento obrero, el movimiento organizado de las mujeres también puso en jaque los pilares fundamentales del Estado liberal. Por último, la dimensión colonial de estos Estados liberales occidentales, como expusimos en el primer capítulo respecto a la Revolución en Haití, puso de manifiesto una tercera exclusión de partida. Estas tres dimensiones de exclusión en la estructura del Estado liberal capitalista siguen hoy en día marcando los límites de la democracia y orientando la capacidad expansiva del movimiento democrático.

Por lo tanto, como han plateado algunos autores en la actualidad que rechazan una concepción estrecha o procedimental de la democracia, esta tiene que incorporar una «economía política de la ciudadanía»[5]; o, en otras palabras, expandir la democracia hasta que abarque la cuestión económica. Pero no solo, ya que el Estado también constituye su propio aparato burocrático, su sistema de cierre y acumulación de poder. En los términos de Camila Vergara siguiendo a Rancière «las políticas democráticas son las que quitan el poder a los pocos»[6]. Quizá uno de los episodios más ilustrativos de este primer impulso expansivo del movimiento democrático es la gradual consolidación del Estado social y posteriormente el llamado Estado de bienestar. Estos procesos fueron en su origen formas de institucionalizar y dar una respuesta a las desigualdades y exclusiones a las que daba lugar la forma capitalista de organización económica y las exclusiones propias del Estado liberal capitalista. También los sueldos públicos para los representantes políticos fueron en principio resultado de una de estas oleadas de movilización, dando la posibilidad de acceder a la función pública no solo a aquellos con propiedades, capital o herencia. Aquí se observaba una primera ambivalencia y tensión en el movimiento democrático resultando por un lado en

[5] Véase Michael J. Sandel (2023), *El Descontento Democrático*, Debate, Barcelona.

[6] Camila Vergara (2023: 168), «El pueblo plebeyo populista: Ciudadanos de segunda clase y la lógica refundacional» (2024), *Studia Politicæ*, 60, pp. 154-177. https://doi.org/10.22529/

un impulso de superación del Estado liberal y al mismo tiempo en una demanda de integración/absorción por parte del mismo. El ejemplo claro es la evolución de los partidos políticos socialdemócratas hasta su total absorción por parte del Estado liberal, con la tensión entre integración y desbordamiento siempre presente a lo largo de su desarrollo, al menos hasta la Segunda Guerra Mundial.

El segundo impulso importante para entender el movimiento democrático en su dimensión histórica es la conformación de sujetos colectivos con bases comunitarias y de cooperación específicas. La individuación y fragmentación propia del sistema capitalista que requiere de una composición del sujeto formado por individuos de derecho y aptos para el mercado laboral, fue desde el origen enfrentada por proyectos comunitarios y cooperativos con mayor o menor éxito. Como bien cuenta E. P. Thompson[7], el énfasis en la interdependencia entre los individuos —sociedades de socorros mutuos— y la integración de estos en comunidades vinculadas al entorno y los recursos materiales estuvo en el origen de las primeras asociaciones obreras y de trabajadores. En definitiva, el movimiento democrático impulsó formas alternativas de inclusión colectiva respecto a la vía mercado. Como vemos, estos dos motores del movimiento democrático se han enfrentado a dos fuerzas motrices de la modernidad: el Estado y el capitalismo que se expresan como fuerzas dinámicas de organización social. Frente a estas dos grandes máquinas de estructuración de la sociedad, aquellos desplazados, aquellos sistemáticamente excluidos o bien del Estado o bien de los bienes y recursos circulantes en el sistema capitalista se han agrupado en torno al movimiento democrático. Esta dimensión histórica de la democracia como una ampliación progresiva del demos y como una expansión de los derechos sociales y civiles que permiten el autogobierno, nos da herramientas para calificar sin ambages algunas medidas políticas o movimientos que he mencionado más arriba como reaccionarias frente al movimiento democrático.

## 1. ¿POLARIZACIÓN O PARALIZACIÓN?

En este punto, volvemos a la pregunta que estaba en el origen de este libro, ya que, de algún modo, esta visión histórica y compleja del movimiento democrático y sus bloqueos nos sirve también como marco para entender mejor el fenómeno de la polarización y su relación con

---

[7] Véase E. P. Thompson (1966 [1963]: 404-410), *The Making of the English Working Class*, New York, Vintage Books.

la democracia. Desde este punto de vista, la polarización no expresa una serie de obstáculos a la racionalidad individual y la capacidad deliberativa del individuo. Por el contrario, la polarización se entiende como una de las expresiones —junto con la desafección o la apatía— de una composición específica de la racionalidad política. Esta racionalidad política se ha ido formando, por un lado, a través de los límites que impone el Estado liberal capitalista y, por otro lado, con la inclusión de los ciudadanos en el complejo de totalización mediática (véase capítulo 3). Por supuesto, esto no significa que los individuos no pensemos o razonemos por nosotros mismos, es decir, que no tengamos capacidad de agencia; significa sencillamente que lo hacemos, pero dentro de ese marco concreto. Esta perspectiva enlaza con la idea de racionalidad limitada, que hace tiempo desbancó tanto en economía como en las ciencias sociales de forma más general a las teorías simplistas de elección racional del individuo y de la búsqueda de decisiones óptimas a partir de un cálculo coste-beneficio[8]. Para ilustrar esta idea también podemos retrotraernos a una de las frases célebres de Marx: «los hombres hacen su propia historia, pero no la hacen a su antojo; no la hacen bajo circunstancias elegidas por ellos mismos, sino bajo circunstancias directamente encontradas, dadas y transmitidas desde el pasado. La tradición de todas las generaciones muertas pesa como una pesadilla sobre las mentes de los vivos»[9].

En el caso de los partidos políticos su capacidad y modos de polarizar deben ser comprendidas en un contexto más amplio de paralización democrática. El crecimiento inusitado del Estado liberal, nos permite entender el proceso de absorción de la herramienta que en el siglo XX sirvió para expandir el movimiento democrático, los partidos políticos. La absorción de los partidos políticos llevó consigo en muchas ocasiones la neutralización de la autonomía también de otras organizaciones sociales como los sindicatos. Al ser en muchos casos los partidos políticos democráticos o socialistas correas de transmisión de los sindicatos ambos cayeron como un cuerpo muerto a lo largo del siglo XX, aunque en distintos grados y modulaciones. Esto no les hizo desaparecer, pero si ser más Estado que movimiento democrático. De hecho, una forma de sobrevivir para los partidos socialistas-democráticos a lo largo del siglo XX ha sido fundirse con el Estado, ser parte del entramado de poder e

[8] En inglés como *bounded rationality*, se ha teorizado específicamente en el marco de la ciencia política, por ejemplo, en este trabajo de Jones, Bryan D. (1999), «Bounded rationality», *Annual Review of Political Science*, vol. 2, pp. 297-321, https://doi.org/10.1146/annurev.polisci.2.1.297

[9] Karl Marx (2015 [1852]: 39), *El 18 Brumario de Luis Bonaparte*, Alianza Editorial, Madrid.

intereses y de los aparatos básicos para la reproducción del *statu quo*. Fijémonos como ejemplo en el Partido Socialista Obrero Español (PSOE) en España y su relación con el orden social y económico cuya base se asentó en la llamada transición política (1975-1982) tras el franquismo. En los momentos en los que el PSOE se ha tambaleado han sido aquellos en los que una apertura de los «candados de la transición» ha sido posible. La cuestión territorial, la cuestión social, y la cuestión de la forma del Estado monárquico constitucional se abrieron en la mayor crisis que sufrió el PSOE entre 2014 y 2016. A día de hoy, en 2024 parece claro que esas cuestiones vuelven a estar cerradas y el PSOE figura de nuevo como un partido estabilizador del Estado.

Sin embargo, la polarización persistente en el sistema de partidos español todavía señala las fracturas del «consenso de la transición», que era, en última instancia un acuerdo para «repartir» el Estado entre estos dos grandes partidos: la socialdemocracia, y el centro derecha español. Por lo tanto, una primera forma de polarización expresa ciertas rupturas en los consensos para la integración de las fuerzas políticas en el Estado. En una época de política de masas, esto no suele poder explicarse únicamente por una fractura entre las élites, sino que a su vez da cuenta de la fragilidad del consentimiento por parte de significativos sectores de las clases populares. El creciente apoyo de la ciudadanía a partidos fuera del «consenso de integración en el Estado» fuerza a los partidos a recolocarse, o bien a disciplinar/integrar de manera más eficiente a las fuerzas políticas emergentes. Como consecuencia, esta ruptura de equilibrios genera una mayor polarización, pero el problema de fondo no es esta última, sino la paralización previa que copaba el Estado. Como veremos más adelante, el intento de paralizar o absorber a las fuerzas democráticas emergentes es selectivo, ya que el Estado liberal capitalista sí puede acomodar fuerzas políticas nuevas que no alteren sus pilares fundamentales. En un contexto de ola reaccionaria, las opciones ascendentes de derecha radical se están mostrando con una mayor capacidad acomodaticia en este sentido en relación con el Estado.

En segundo lugar, el proceso de totalización mediática desde principios del siglo XX ha marcado la capacidad de los individuos para integrarse en esferas públicas de discusión política democrática y ha incentivado formas polarizadas de comunicación. Estos dos procesos —estatalización de los partidos y mediatización de las esferas públicas— establecen un contexto determinado para el desempeño de la racionalidad política. Al alejar tendencialmente las formas colectivas de organización democrática (los partidos) y al mismo tiempo arrojar a los individuos a las esferas mediatizadas, el contexto está dado para la expresión de sus preferencias de forma maniquea, simplificada, y marcada por sus filias y sus fobias.

En otras palabras, la estatalización de los partidos y la mediatización de la esfera pública da como resultado un alto grado de polarización afectiva en determinados momentos de tensión política. Como se ha intentado explicar en el capítulo tercero, la polarización no es un fenómeno nuevo, ya lo abordaba Habermas en 1962 y, con otra terminología, fue una de las preocupaciones durante el surgimiento de la política de masas a finales del siglo XIX y principios del XX. Simplemente toma formas de expresión más virulentas y rápidas con las redes sociales.

En este punto, es necesario hacer varias precisiones porque lo cierto es que, aunque la polarización afectiva estéril no es deseable, esta a veces se entrelaza con un fenómeno de polarización ideológica ligado al movimiento democrático. Y aunque se debe intentar reducir los niveles de polarización afectiva innecesaria, lo más importante es no abocar a la sociedad a la regresión democrática y la ausencia de conflicto político con la excusa de acabar con la polarización en general. De hecho, siempre que ha habido avances democráticos ha habido polarización en la época moderna. Tan solo esto debería servir para que algunos analistas guardianes de la verdad moderasen sus cruzadas liberales en contra de la polarización, o bien que fuesen honestos y aceptasen abiertamente limitar la democracia para tener menor polarización. Aquí, nos guste o no, estamos ante un dilema de suma cero: si queremos más democracia, deberemos aceptar algunas dosis de polarización ideológica (y afectiva probablemente), tal como nos muestra la historia del movimiento democrático.

Después del nacimiento del Estado liberal solo ha habido dos contextos en los cuales la polarización política parecía ser menor: el primero eran los regímenes antidemocráticos en toda Europa con sufragio restringido hasta casi finales del siglo XIX. Y el segundo contexto, los períodos en los cuales no había conflicto social de clases y la esfera pública estaba restringida debido a los grandes oligopolios televisivos. En el caso de la lucha por el sufragio, por ejemplo, una de las claves para las grandes reformas de ampliación del sufragio fueron las sucesivas huelgas de las masas de trabajadores. Aunque en muchos países el papel de las coaliciones de movimientos socialistas con sectores más liberales también fue importante, el sufragio se logró en buena medida por el poder de los trabajadores para paralizar la economía a través de la huelga[10]. Os podéis imaginar el grado de polarización que estos avances provocaron en la época.

Uno de los casos más paradigmáticos es el de Suecia, un país que en muchas ocasiones se ha puesto como ejemplo de evolución democrática

---

[10] Véase, por ejemplo, para Suecia Kjell Östberg (2024: 28), *The Rise and Fall of Swedish Social Democracy*, Verso Books, London.

tranquila, moderada, durante el siglo XX, mientras el resto de Europa se debatía en luchas fratricidas entre el fascismo y el comunismo. La llamada vía intermedia sueca (*Sonderweg*) se ha interpretado en ocasiones como resultado de la cohesión interna, el respeto a las tradiciones suecas y la capacidad de negociación entre partidos. El Partido Socialdemócrata Sueco ascendió como primer partido de Suecia, y partido de gobierno, en la década de 1930 y se mantuvo en esta posición hegemónica en torno a 50 años, lo que le convirtió en uno de los partidos con más apoyo popular del mundo. Entre la década de los años treinta y los años cincuenta, mientras el resto de Europa se retorcía y padecía lentamente bajo la bota del fascismo, Suecia aprobó reformas fiscales, redujo las horas de trabajo, y amplió los servicios públicos y sociales. Sin embargo, las investigaciones más recientes descartan la hipótesis del *Sonderweg* y apuntan más bien hacia el efecto de una expansiva movilización, radicalización, y coalición entre clases desfavorecidas, las grandes masas proletarias y sectores excluidos del campesinado[11]. Es decir, esta lectura plantea que los movimientos fascistas triunfaron donde el envite revolucionario democrático no supo o bien hacer la revolución o bien asirse institucionalmente manteniendo ritmos altos de movilización popular. En los años treinta en Suecia, no paró de aumentar el número de huelgas, las tasas de afiliación sindical y el *ratio* general de organización de las clases trabajadores —que pasó de un 45 a un 66 por 100 de 1930 a 1940—[12]. En el mismo sentido, la tasa de afiliación al partido Social Demócrata Sueco pasó de 235.000 miembros en 1929 a 460.000 en 1939[13].

Este es el marco general de movilizaciones de las clases trabajadoras en Suecia, pero quizá lo más interesante, más allá de la dimensión cuantitativa, fue la composición heterogénea del movimiento durante estos años. Dentro de la amplia lucha por más democracia se ubicaban movimientos específicos que luchaban por su reconocimiento como sujetos de derecho y sujetos políticos, ampliando el demos. Una de las expresiones más importantes, la encontramos en el enorme avance que experimentó la lucha de las mujeres en Suecia durante esta época. Aunque las mujeres venían desarrollando parte sustancial del trabajo en agrupaciones locales socialdemócratas y en la *Swedish Association for Sexuality Education* —que tuvo un gran alcance en el período de entreguerras—, se vieron forzadas a autoorganizarse, ya que los bloqueos

---

[11] Véase Bengtsson, Erik y Molinder, Jakob (2021), «What Happened to the Incomes of the Rich during the Great Levelling? Evidence from Swedish Individual-level Data, 1909-1950», *Lund Papers in Economic History 230*, Lund University, Department of Economic History; o Kjell Östberg (2024: 105-107), *op. cit.*

[12] Kjell Östberg, *op. cit.*, p. 105.

[13] *Ibid.*, p. 109.

antidemocráticos se duplicaban en su caso. Además de la oposición de las élites y la burocracia del Estado liberal y la dispersión y explotación económica derivada de la economía capitalista en esa época, las mujeres encontraron la oposición mayoritaria de los hombres, también en los estratos altos del Partido Socialdemócrata Sueco. Por ello, a partir de 1930 desarrollaron una amplia red organizacional propia que, aunque separada, convergió para dar fuerza al pujante movimiento democrático global sueco de la época. Crearon sus propias asociaciones y un sindicato propio dentro del movimiento democrático-socialista, así como otro tipo de asociaciones abarcando cuestiones relacionadas con la educación o los servicios sociales, además de temas estrictamente laborales[14].

En general, todo este avance de las movilizaciones y la autoorganización de las clases populares provocó el crecimiento del tejido comunitario y el desarrollo de ámbitos de vida relativamente autogestionados durante este período en Suecia. En este caso, vemos una correlación inequívoca entre el aumento de la polarización ideológica y el fortalecimiento de la democracia, incluso en un contexto general de avance de los fascismos en el resto de Europa. Por lo tanto, en ocasiones, la polarización no proviene del encarnizamiento político entre los partidos de Estado, frente a los partidos emergentes y sus rivales más inmediatos. A veces la polarización se integra en procesos expansivos de largo alcance del movimiento democrático y funciona como un elemento necesario del posicionamiento y la emergencia de nuevos sujetos políticos.

Sin embargo, al hilo de esto, es también necesario rechazar o al menos no alimentar un tipo de polarización no democrática sino identitaria, de corto recorrido, que se nutre de las filias y las fobias que extiende nuestra sociedad mediatizada. Que alguien de izquierdas o derechas no sepa distinguir entre una ideología y la persona, no sepa que la persona en gran parte responde a grandes movimientos tectónicos de estructuración social y que no por eso debe sufrir a nivel personal. Que la identidad que ama u odia, no responde a una esencia individual fija sino probablemente varía y tiene mucho que ver también con el reflejo de los juegos de luces del espectáculo comunicativo. Que tras esa identidad hay seres vivos pujando por encontrar un sentido con la batalla política de fondo que inevitablemente se adueña de los cuerpos. Que nuestra obligación no es matar esos cuerpos sino devolverlos a la vida. Por lo tanto, la forma democrática de dar esa batalla política que sin duda es ineludible para la democracia y que produce polarización ideológica, no se debe transformar nunca en una polarización identitaria

---

[14] *Ibid.*, pp. 110-115.

que se desentiende del sufrimiento de los cuerpos. En la que no dejamos salir de sus cajas de identidades a aquellos que consideramos enemigos y los lanzamos al río junto con el agua sucia de su ideología. No, la lucha política del movimiento democrático siempre tiene que ganar destapando las identidades estériles y abriendo cajas negras para que los muchos se encuentran para hacer política.

En este sentido es esclarecedor el trabajo de Moreno Pestaña y otros autores para identificar de modo más concreto la «polarización estéril» o la polarización dañina o incontrolada que puede emerger también en ciclos de expansión democrática. Especialmente en momentos de ruptura con el Estado liberal capitalista, es probable —y esto en muchos casos es ignorado por la tradición socialista democrática—que la transición provoque una depresión enorme del bienestar material, algo que se puede complicar aún más con episodios incontrolados de violencia[15]. En este contexto, inspirándose en el trabajo de Erik Olin Wright y Étienne Balibar, estos autores proponen umbrales claros a partir de los cuales el uso de la fuerza no es «covertible» en expansión democrática. Esto nos lleva claramente a pensar en la institucionalidad que servirá para dar cuerpo y sostener, durante esas depresiones de transición de las que habla Wright, esa dosis de civilidad necesaria. Es decir, debemos conjugar la polarización democratizadora con la civilidad que emane de una institucionalidad democrática. Para ello, es necesario pensar de forma muy meditada cada una de las formas políticas que emerge en estas fases.

El hecho de pensar la institucionalidad democrática renovada queda fuera del alcance de este libro, pero merece al menos algunas notas orientativas. En primer lugar, en línea con lo que se ha comentado anteriormente, es necesario distinguir entre el ataque a las condiciones estructurales que producen exclusión y explotación y el ataque al «otro» a partir de su identidad, o «violencia ultrasubjetiva», así denominada por Moreno Pestaña. El crecimiento de este tipo de violencia convierte al sujeto no en «un agente que porta ciertas relaciones estructurales sino un tormento fantasmático que impide mi identidad y que necesita ser erradicado» (Balibar, 2010: 113-115)[16]. Por lo tanto, se necesita una «política específica de civilidad respecto a la fuerza». La civilidad, en el uso que le da Balibar, no deja de ser un concepto que expresa la necesidad de crear una institucionalidad que regule y límite las potencias negativas y destructoras de los

[15] Véase José Luis Moreno Pestaña (2023),«Transiciones hacia ninguna parte: Étienne Balibar, Erik Olin Wright y el problema de la violencia revolucionaria», *Isegoría* (68), e03. https://doi.org/10.3989/isegoria.2023.68.03; Pablo Beas Marín (2024), «Ciudadanía y democracia en Étienne Balibar: un archivo histórico para una nueva práctica de la política», *Res Publica. Revista de Historia de las Ideas Políticas*, 27(2), pp. 187-197.

[16] José Luis Moreno Pestaña, *op. cit.*, pp. 6-7.

movimientos democráticos[17]. Habilita una serie de mecanismos democráticos que distribuyen el poder más allá del «sujeto movilizado» con el objetivo de no reproducir exclusiones o explotaciones similares a las que se producen en el marco del Estado liberal capitalista. Aunque pensar y detallar una «nueva o alternativa institucionalidad» rebasa los objetivos de este libro, es necesario incorporar ya en la fase de revitalización del movimiento democrático este tipo de reflexiones[18]. Una de las claves para ello es incluir ese elemento de civilidad y de institucionalidad democrática reguladora en fases expansivas de polarización democrática.

Por todo lo expuesto hasta ahora, la tesis de este libro es que para encarar los retos de la democracia nos debemos centrar en la paralización y no tanto en la polarización, precisamente también para poder abordar de modo efectivo esta última. Aunque como acabamos de apuntar, también hay que ser cautos y saber medir cómo se expresan socialmente las olas democratizadoras de polarización. Si exclusivamente nos centramos en la polarización con una mirada corta, el resultado no tiende a ser demasiado bueno para la democracia. Este tipo de miradas muy centradas en la polarización cómo fenómeno empírico negativo, que no enmarcan la polarización en un análisis más global del movimiento democrático, suelen dar lugar a dos efectos negativos principalmente. En primer lugar, el marco interpretativo de la polarización puede dar lugar a normalizar el avance de la extrema derecha. Como ya han polemizado algunos historiadores en Estados Unidos, donde la narrativa de la polarización lleva mucho más tiempo siendo utilizada para explicar el conflicto latente en la sociedad norteamericana, la teoría de los dos extremos resta importancia relativa al actual avance y la radicalización de movimientos conservadores (en Estados Unidos y Europa)[19]. En segundo lugar, idealiza un espacio público restringido y en consecuencia un espacio político donde el conflicto esté limitado también. Esto lleva inevitablemente a demandar que las masas no accedan a la esfera pública de manera tan turbulenta y descontrolada. Digamos que enlaza bien con de-

---

[17] Pablo Beas Marín, *op. cit.*, p. 190.

[18] Véase, por ejemplo, los siguientes artículos para una discusión sobre estas cuestiones: José Luis Moreno Pestaña (en impresión), *Los enigmas de la esfinge y el capital político: qué podemos aprender hoy de la lectura de Marx/Engels sobre la comuna de París*; Martín Mosquera, 2024, *op. cit.*; Erik Olin Wright (2020), *Cómo ser anticapitalista en el siglo XXI*, Akal, Madrid.

[19] Véase Thommas Zimmer T. (2019), «Reflections on the Challenges of Writing a (Pre-)History of the "Polarized" Present», *Modern American History*, 2(3), pp. 403-408; artículo del *Wahington Post* del 10 de marzo de 2024 con el título «Forget "polarization" It's the GOP's radicalization», https://www.washingtonpost.com/opinions/2024/03/10/republican-party-radical-trump-polarization/

mandas para superar la democracia y el sufragio universal que han tenido bastante eco en los últimos tiempos[20].

Una vez que concluimos que es más efectivo, especialmente si queremos fortalecer y no debilitar la democracia, mirar a la paralización en vez de la polarización, ¿qué respuestas se han dado para reactivar el movimiento democrático, para expandir la democracia? Vamos a hacer un repaso rápido de las mismas y hasta qué punto tienen en cuenta el enfoque que se ha intentado presentar en este libro.

## 2. UN PROBLEMA DE DISEÑO: PARTICIPACIÓN Y DELIBERACIÓN

Una de las respuestas que se ha dado a la paralización democrática se centra en expandir los mecanismos de deliberación y participación en las sociedades actuales. El debate sobre la deliberación y la participación parte de una división fundamental acerca de qué es la democracia. Algunos defienden que la ciudadanía sí tiene posibilidad de expresar su acuerdo o desacuerdo con ciertas opciones[21] y que sí que existen mecanismos adicionales para participar en democracia. Tanto en las elecciones como en la esfera pública digital, así como a través de mecanismos adicionales como la iniciativa legislativa popular, los ciudadanos pueden tomar parte en el proceso político y expresar o retirar su apoyo a los representantes públicos. Otros, sin embargo, plantean que se carece de una base normativa clave para la democracia que es la capacidad de deliberación y de participación por parte de la ciudadanía[22]. Las teorías deliberativas sugieren que la legitimidad en la toma de decisiones tiene que ver con la participación activa de los ciudadanos definiendo y discutiendo las cuestiones que están o deben estar en la agenda pública[23].

Esto no está sucediendo, o no lo suficiente, según los teóricos de la deliberación democrática y el problema se agrava cuando incluimos en

---

[20] Véase el popular libro de Jason Brennan (2018), *Contra la democracia*, Deusto.

[21] Sobre todo, si se entiende la democracia como un sistema en el que los ciudadanos puede seleccionar y sancionar positiva o negativamente a las élites que les gobiernan, véase, por ejemplo, Joseph A. Schumpeter (2003 [1943]), *Capitalism, socialism and democracy*, Routledge, London/New York.

[22] Véase Urbinati, Nadia y Warren, Mark E. (2008), «The Concept of Representation in Contemporary Democratic Theory», *Annual Review of Political Science*, Vol. 11, June 2008, Available at SSRN: https://ssrn.com/abstract=1141438

[23] Paolo Gerbaudo (2022: 133), «Theorizing Reactive Democracy The Social Media Public Sphere, Online Crowds and the Plebiscitary Logic of Online Reactions», *Democratic Theory*, 9(2), pp. 120-138.

la ecuación que los ecosistemas digitales están obstaculizando aún más las precondiciones para la deliberación ciudadana, el debate público y el buen funcionamiento de las instituciones de representación e intermediación[24]. Por lo tanto, una de las soluciones que se plantean desde las teorías deliberativas es transformar, de forma más o menos profunda, el funcionamiento de las instituciones legislativas; así como otras instancias adicionales de deliberación y participación ciudadana que sirven como resorte básico para que las primeras funcionen. En el fondo, el objetivo es abrir ventanas desde los cuerpos representativos para oxigenar y ampliar el proceso de deliberación política y permitir la participación ciudadana en múltiples niveles. Siguiendo la estela habermasiana, los defensores de una democracia deliberativa pretenden expandir las instancias donde, sobre la base de la igualdad de condiciones y el respeto mutuo, los ciudadanos puedan debatir y decidir sobre los problemas políticos a los que se enfrentan[25]. Por lo tanto, este tipo de agenda política propone generar instancias de deliberación adicionales que acercan la política pública y las instituciones a los ciudadanos. La creación de mini públicos —instancias que sirven para la participación directa de los ciudadanos[26]— y formas nuevas de deliberación tiene por objetivo mejorar tres dimensiones básicas de nuestros sistemas políticos: mejorar la legitimidad de las democracias actuales, facilitar la gobernanza, y finalmente alcanzar unas mayores cotas de justicia.

Se podría decir que la legitimidad y la justicia van de la mano en cuanto que la primera tiene que ver con el grado de consentimiento que la comunidad política manifiesta respecto a las autoridades políticas y la segunda se refiere a cuestiones redistributivas o de reconocimiento. Es decir, la justicia tiene que ver con la capacidad del sistema para redistribuir de forma equilibrada las condiciones, los recursos y también los resultados y reconocer a personas o grupos sociales que han sido tradicionalmente excluidos

---

[24] Véase Jurgen Habermas (2022: 146), «Reflections and Hypotheses on a Further Structural Transformation of the Political Public Sphere», *Theory, Culture & Society*, 39(4), pp. 145-171; Lance Bennett, W. L., y Marianne Kneuer, M. (2024), «Communication and democratic erosion: The rise of illiberal public spheres», *European Journal of Communication*, 39(2), pp. 177-196.

[25] Véase Bächtiger, André, John Dryzek, Jane Mansbridge, y Mark Warren (2018: 2), «Deliberative democracy», en *The Oxford Handbook of Deliberative Democracy*, edited by André Bächtiger, John Dryzek, Jane Mansbridge, y Mark Warren, Oxford: Oxford; Hélène Landemore (2020), *Open Democracy: Reinventing Popular Rule for the Twenty-First Century*, Princeton: Princeton University Press.

[26] Véase Archon Fung (2007), «Minipublics: Deliberative Designs and Their Consequences», en Rosenberg, S. W. (eds.), *Deliberation, Participation and Democracy*, Palgrave Macmillan, London. https://doi.org/10.1057/9780230591080_8

de la representación[27]. Por lo tanto, es esperable que la legitimadad aumente con la justicia, aunque esta relación no es tan simple ya que median otros elementos, como, por ejemplo, la gobernanza. De este modo, estos dos objetivos que pueden ir más o menos unidos de forma natural deben ser conjugados con una necesidad de facilitar la gobernanza. En ocasiones, esto lleva a que la justicia y la legitimidad se utilicen de manera instrumental para llevar a cabo de forma más eficaz políticas públicas en una determinada comunidad política. Es decir, no hay una mejora sustancial de la justicia y la participación real, sino más bien una necesidad de garantizar la legitimidad de los poderes públicos con experimentos participativos.

Este impulso deliberativo y de participación ha dado lugar a experimentos concretos con la intención de mejorar, expandir y asegurar la democracia. Por ejemplo, en Estados Unidos y Canadá se han llevado a cabo varias propuestas de mini públicos deliberativos como, por ejemplo, en la provincia de British Columbia (Canadá) con la creación de la llamada *Citizens' Assembly on Electoral Reform*. Esta Asamblea formada por ciudadanos seleccionados por sorteo de cada uno de los distritos de la provincia realizó una propuesta para cambiar el sistema electoral de cara a uno más proporcional. En Ontario (Canadá) o California (EEUU), y también en Europa (en Irlanda o en Alemania o a nivel de la Unión Europea) se realizaron experimentos similares con un grado de éxito variable, algunos de ellos con resultados decepcionantes como en British Columbia, que no consiguió ser refrendado en referéndum. Detrás de estos experimentos están organizaciones de la sociedad civil y redes de organizaciones como Democracy R&D[28] que conciben los problemas actuales de la democracia principalmente como un problema de diseño de las formas para hacer política. En esta misma línea, quizá el experimento más sonado de la última década ha sido la *Conferencia sobre el Futuro de Europa* celebrada entre 2021 y 2022 en la que se incluyeron también paneles ciudadanos deliberativos de los que salieron recomendaciones en este caso para la Comisión y el Consejo Europeo. Igual que en los otros casos, encontramos por un lado visiones positivas de este hecho y también voces críticas que señalan lo limitado de este experimento con un total de 49 propuestas y la invisibilización de conflictos y organizaciones colectivas clave en el marco europeo[29].

---

[27] Véase Jane Mansbridge, *op. cit.*; Urbinati y Warren, *op. cit.*

[28] Esta es una red de organizaciones de la sociedad civil que se encargan de promover este tipo de experimentos deliberativos en Europa, EEUU y Canadá: https://democracyrd.org/about/

[29] Véase Álvaro Oleart (2023), *Democracy Without Politics in EU Citizen Participation. From European Demoi to Decolonial Multitude*, Palgrave McMillan, Cham, Switzerland.

Algunos de estos experimentos han intentado penetrar en el Estado y sus instituciones para democratizarlas. Es decir, en algunos casos el giro deliberativo y participativo de la democracia no ha tenido que ver solo con instancias externas donde se reúnen ciudadanos a formular propuestas, sino que se ha intentado también transformar las lógicas internas de las instituciones, con mayor o menor éxito. Es el caso de los presupuestos participativos que para tener sentido se tienen que apoyar en una amplia e inclusiva red deliberativa. La idea de los presupuestos participativos parte de las experiencias de gobernanza del Partido de los Trabajadores en Brasil a nivel municipal a finales de 1980. En su expresión más reciente, la ola de movimientos populares anti-austeridad en el sur de Europa defendió este tipo de mecanismos para acercar el gobierno de la ciudad a los ciudadanos. Bebiendo de las innovaciones democráticas dentro de estos movimientos sociales, se idearon sofisticados artilugios sociotécnicos que facilitaban la autoorganización democrática. Tanto el gobierno de Manuela Carmena en Madrid entre 2015 y 2019 como el de Ada Colau en Barcelona pusieron en marcha plataformas participativas (Decide Madrid; Decidim.barcelona) en las que se podían realizar consultas y también propuestas para ser incluidas en el presupuesto y en el plan de gobierno. Estos proyectos despertaron mucho interés, pero lo cierto es que su impacto ha sido limitado y los mismos que impulsaron estas propuestas han tenido que ver como las mismas sobreviven con gobiernos de signo conservador en muchos casos en las ciudades, al menos en el caso de Madrid. Como ellos mismos admiten, los objetivos más ambiciosos de estos proyectos, como alterar los equilibrios de poder y las desigualdades en la ciudad, han caído en saco roto, aunque se han dado también algunos avances positivos según sus impulsores[30]. Las principales limitaciones tuvieron y tienen que ver con el tipo de uso que se hacía de estas plataformas y el bajo perfil al usarlas con un reducido espacio para el debate y el intercambio regular sobre las propuestas y su elaboración y desarrollo.

Los portales de transparencia también han sido una de las herramientas que pretenden acercar a la ciudadanía a la gestión de gobierno, así como al funcionamiento de cámaras legislativas. Además de las plataformas participativas adoptadas por algunos gobiernos municipales o regionales que pretenden democratizar la gobernanza, hay otra serie de medidas que pretenden también democratizar la judicatura, los partidos o los sindicatos. La judicatura ha sufrido menores transformaciones en

[30] Xabier E. Barandiaran, Antonio Calleja-López, Arnau Monterde y Carol Romero (2024: 119), *Decidim, a Technopolitical Network for Participatory Democracy. Philosophy, Practice and Autonomy of a Collective Platform in the Age of Digital Intelligence*, Spriger, Cham, Switzerland.

este sentido que otros poderes del Estado, pero también hay varias propuestas que tienen como objetivo democratizarla. Por ejemplo, la idea de constitucionalismo deliberativo pretende incorporar mecanismos más amplios de diálogo inclusivo en las decisiones de los tribunales[31]. También se ha propuesto desde el mundo del derecho, ampliar la composición de los tribunales incluyendo ciudadanos que por sorteo son invitados a participar en las deliberaciones y las decisiones[32]. Al nivel de los partidos políticos ya se han mencionado intentos de democratizar sus formas de organización, cuya última oleada se dio en el contexto de los movimientos antiausteridad (2010-2015). Se han intentado poner en marcha mecanismos de primarias y plataformas internas de participación en los partidos como mencionamos en el capítulo 2, que han tenido un similar balance decepcionante.

## 3. DEMOCRATIZAR LA ESFERA PÚBLICA

En algunos casos, como una respuesta a los límites de los minipúblicos y los experimentos deliberativos, hay quién plantea que el problema tiene que ver con las dinámicas más amplias de la esfera pública, y el rol de los intermediarios tradicionales (sindicatos, partidos). Los principales problemas que se identifican en este caso y que deben revertirse para proteger o expandir la democracia son la desinformación y la polarización. En el caso de la primera cuestión hay una amplia variedad de enfoques y diagnósticos, pero el enfoque dominante identifica las noticias falsas y la capacidad de las instituciones para reducirlas como una de las principales claves[33]. La Unión Europea está a la cabeza de este tipo de enfoques que ponen la desinformación en el centro y promueven varias soluciones, entre ellas fortalecer a los medios de comunicación y las agencias de *fact-checking* o poner en marcha cursos de alfabetización mediática[34]. Gran parte de la

---

[31] Véase Giuffré, C. Ignacio (2023), «El constitucionalismo fuerte en la encrucijada. El constitucionalismo deliberativo como salida», *Revista de Derecho Político*, n.º 118, pp. 289-314.

[32] Véase Luis Lloredo Alix, el artículo del día 24 de enero de 2023 en la revista *Contexto* «La polvareda constitucional y la necesidad de democratizar el derecho»: https://ctxt.es/es/20230101/Firmas/41913/Luis-Lloredo-Alix-sistema-judicial-renovacion-justicia-derecho-democracia.htm

[33] Véase Mauk, M., y Grömping, M. (2024), «Online Disinformation Predicts Inaccurate Beliefs About Election Fairness Among Both Winners and Losers», *Comparative Political Studies*, 57(6), pp. 965-998. https://doi.org/10.1177/00104140231193008; Bennett, W. Lance, y Kneuer, Marianne (2024), *op. cit.*

[34] Véase Sádaba, Charo y Salaverría, Ramón (2023), «Combatir la desinformación con alfabetización mediática: análisis de las tendencias en la Unión Europea», *Revista*

literatura académica sobre este tema vincula la desinformación con la polarización, en relación a las cámaras de eco y la circulación de noticias falsas. A modo de solución, están apareciendo innumerables cursos que abogan por ejercicios de despolarización. Por ejemplo, el curso «Innovación política para la despolarización»[35] plantea que, aunque hay consenso respecto a los efectos negativos de la polarización todavía «no contamos con herramientas claras para despolarizar la vida política». A continuación, se explica que el curso tiene como objetivo precisamente «debatir la teoría y práctica de la despolarización afectiva a tres niveles: liderazgo político, sociedad civil y medios de comunicación, e instituciones políticas».

El problema de este enfoque es que como ya señaló hace casi cincuenta años el historiador y sociólogo estadounidense Cristopher Lasch[36] refiriéndose a la comunicación de masas, la persecución de la mentira o la falsedad no aborda el problema de fondo. Este tiene que ver con las formas mismas de circulación mediática modernas basadas en la construcción de la credibilidad en la esfera pública. En palabras de Lasch: «El auge de los medios de comunicación torna irrelevantes las categorías de verdad y falsedad. La verdad ha dado paso a la credibilidad; los hechos, a afirmaciones que parecen autorizadas, sin que necesariamente brinden alguna información válida». Por lo tanto, el problema no consiste solo en detectar la verdad o la falsedad de un enunciado o noticia, sino de problematizar también las formas organizadas de producción de credibilidad e ignorancia[37]. Los efectos de verdad no tienen que ver tanto con la validez o consistencia lógica de determinadas afirmaciones, sino con la capacidad de las mismas para forjar el consentimiento[38]. De nuevo, este tipo de propuestas para despolarizar o luchar contra la desinformación, algunas de ellas interesantes, quizá adolecen de una misma falta. Estas críticas normativas de la esfera pública y la política actual suelen desatender las dimensiones históricas de la democracia que hemos descrito a lo largo de este libro —sobre todo en el capítulo 1—. Definen los estándares normativos democráticos como un tipo de interacción desea-

---

*Latina de Comunicación Social* (81), pp. 1-17. https://doi.org/10.4185/RLCS-2023-1552; Casero-Ripollés, Andreu, Tuñón, Jorge y Bouza-García, Luis (2023), «The European approach to online disinformation: geopolitical and regulatory dissonance», *Humanit Soc Sci Commun*, 10, p. 657. https://doi.org/10.1057/s41599-023-02179-8

[35] Véase en su página web: https://cuimpb.cat/es/curso/312-innovacion-politica-despolarizacion

[36] Cristopher Lasch (2023 [1979]: 107), *La cultura del narcisismo. La vida en una era de expectativas decrecientes*, Capitán Swing, Madrid.

[37] Véase Fernando Broncano, F. (2020), *Conocimiento expropiado. Epistemología política en una democracia radical*, Akal, Madrid.

[38] Cristopher Lasch., *op. cit.*, p. 108.

ble entre individuos, pero desatienden los condicionantes generales de la subjetividad de esos individuos.

## 4. MÁS ALLÁ DEL DISEÑO INSTITUCIONAL: EL PROBLEMA DEL SUJETO DEMOCRÁTICO

En 1927, John Dewey publicó un libro ya clásico (*The Public and Its Problems*) en el que, en parte, ofrecía una visión alternativa al diagnóstico pesimista del famoso periodista Walter Lippmann en *Public Opinion* (1922). Este último título tuvo mucho impacto en la sociedad y la política norteamericana de la época. En este libro, Lippmann presentaba argumentos que al lector de este libro le sonarán familiares. El periodista norteamericano encontraba limitaciones claras en la democracia de su tiempo que tenían que ver con la irracionalidad de los públicos y las visiones distorsionadas y subjetivas que los individuos reproducían acerca de la política y la sociedad. Según Lippmann, esto impedía la expansión de la democracia y el autogobierno y un análisis honesto con nosotros mismos nos llevaría a la siguiente conclusión: asumir que el sistema óptimo es la tecnocracia en la cual unas élites tengan capacidad de maniobra para gestionar y gobernar lo público, es decir, restringir la democracia. Lippmann plantea que el autogobierno y, por lo tanto, la expansión de la democracia no es posible debido a la complejidad de la sociedad, y que tampoco es viable consultar a la ciudadanía un creciente número de cuestiones, ya que se vería sacudida por los vientos de la opinión más estridente, con más prominencia en la esfera pública, o bien con mayor poder. Con estos argumentos, Lippmann asume, como hace la narrativa de la polarización, que la composición de este ecosistema político y mediático y la constitución del individuo soberano sacudido por los vientos de opinión mediáticos es natural, eterna y no puede ni debe cambiar.

Dewey, aunque también daba cuenta de los problemas y las limitaciones de los públicos, concluía de una manera más positiva, más expansiva para la democracia. En términos bastante interesantes para el propósito de este libro, Dewey concluía que el problema del «público democrático» era «el descubrimiento y la identificación de sí mismo»[39]. Es decir, el filósofo estadounidense planteaba que no estábamos ante una composición invariable de individuos atomizados como votantes soberanos. Por el contrario, la cuestión fundamental que había que abordar para plantear-

---

[39] La frase original es «the discovery and identification of itself», traducción propia, véase en John Dewey (1946 [1927]: 185), *The Public and its Problems. An Essay in Political Inquiry*, Gateway Books, Chicago.

se los retos de la democracia era el autorreconocimiento y la constitución de un sujeto o unos sujetos públicos democráticos. Por lo tanto, otra forma de enfocar la cuestión de la democracia, sus avances y límites, es relacionar las instituciones democráticas con su afuera, explorando qué formas hay de incluir/excluir asuntos políticos en el debate, o reconocer determinados grupos sociales. En definitiva, sería pertinente articular visiones que se encarguen de unir estos dos mundos: el de la reforma y el diseño institucional junto con la formación del discurso público y los sujetos políticos que son considerados legítimos. Por ejemplo, hace no demasiado tiempo, el demos legítimo no incluía a las mujeres y ello forzó a que de forma organizada buscaran formas de componer esferas públicas alternativas[40]. Hoy en día, todavía existen mecanismos de exclusión que es necesario atender para dar cuenta de la potencia y los límites de determinados diseños institucionales en democracia.

En primer lugar, la desigualdad se ha consolidado como una de las claves que explican una sociedad tensionada lo que se traduce en problemas de coordinación y representación política. Las investigaciones más recientes sobre este tema coinciden en que las sociedades capitalistas avanzadas son en general más desiguales hoy en día y sus sistemas fiscales y de transferencias son menos redistributivos que a principios de la década de 1990[41]. Esto tiene un impacto en la capacidad de expansión democrática, ya que se refleja tanto en la representación descriptiva[42] de las instituciones como en el grado y tipo de participación política. Por un lado, aquellos sectores más deprimidos socioeconómicamente no logran que sus preferencias políticas cristalicen en la política pública y en comparación, las élites económicas tienen un acceso directo y efectivo a la hora de determinar estas políticas públicas[43]. Por otro lado, varios

[40] Landes, J. (1988), *Women and the Public Sphere in the Age of the French Revolution*, Ithaca NY: Cornell University Press; Nancy Fraser (1990), «Rethinking the Public Sphere: A Contribution to the Critique of Actually Existing Democracy», *Social Text*, n.º 25/26, pp. 56-80.

[41] Lupu, N., Pontusson, J. (2023), «The Political Puzzle of Rising Inequality», en Lupu, N., Pontusson, J. (eds.), *Unequal Democracies: Public Policy, Responsiveness, and Redistribution in an Era of Rising Economic Inequality*, SSRC Anxieties of Democracy, Cambridge University Press, pp. 1-26; Gil Hernandez, C., Salas-Rojo, P., Vidal Lorda, G. y Villani, D. (2024), «Wealth Inequality and Stratification by Social Classes in 21st-Century Europe», *European Commission*, JRC137025.

[42] Jane Mansbridge, *op. cit.*

[43] Gilens, Martin, y Benjamin I. Page (2014), «Testing Theories of American Politics: Elites, Interest Groups, and Average Citizens», *Perspectives on Politics*, 12(3), pp. 564-581; Mathisen, R., Schakel, W., Hense, S., Elsässer, L., Persson, M., Pontusson, J. (2024), «Unequal Responsiveness and Government Partisanship in Northwest Europe», en Lupu, N., Pontusson, J. (eds.), *Unequal Democracies: Public Policy, Responsiveness, and*

estudios empíricos muestran que la participación varía en función de los recursos educativos, la complejidad de los procedimientos de participación, los recursos socioeconómicos y el estatus social[44]. Además de la brecha socioeconómica, existen todavía importantes diferencias en relación a la implicación política de determinados grupos sociales como, por ejemplo, las mujeres[45]. Estas formas de exclusión de la participación política tienen un reflejo a su vez reforzando los déficits de la representación política en tanto que se tiende a reconocer y legislar más en relación a aquellos grupos sociales con capacidad de influir y participar.

En segundo lugar, como hemos visto en el capítulo segundo, los partidos políticos y otros intermediarios han dejado de servir para compensar esto, integrando y representando a ciudadanos excluidos del proceso político[46]. En tercer lugar, la propia formación de la subjetividad política, a nivel individual y grupal, también es relevante a la hora de analizar el avance o retroceso del movimiento democrático. ¿Qué tipo de concepción del individuo y su participación en los asuntos comunes es dominante? ¿Cómo se articulan el entusiasmo y la desidia en relación a la participación política a través del discurso público? El metabolismo de nuestra sociedad, desde las concepciones más básicas acerca de quiénes somos, pasando por los modos en los que nos expresamos y concebimos nuestras metas, hasta las formas en las que nos relacionamos con nuestro entorno como seres creadores y productores, debe estar en el centro de este debate. En esta línea, Fernández-Savater plantea que la política trasformadora hoy consiste también en una disputa por «otro tipo de ser humano»[47].

Por lo tanto, el primer paso para plantearse cómo activar el movimiento democrático es analizar los mecanismos de inclusión/exclusión en las instituciones democráticas del Estado. Es necesario combinar ambiciosos e innovadores diseños institucionales con una reflexión más global acerca de la concepción de la política y la autopercepción por parte de distintos grupos sociales como sujetos políticos en las democracias contemporáneas. El estudio del sujeto democrático y su contingencia amplía

---

*Redistribution in an Era of Rising Economic Inequality*, SSRC Anxieties of Democracy, Cambridge University Press, pp. 29-53.

[44] Aina Gallego (2010), «Understanding Unequal Turnout: Education and Voting in Comparative Perspective», *Electoral Studies*, 29(2), pp. 239-248; Gallego, Aina (2015), *Unequal Political Participation Worldwide*, New York: Cambridge University Press.

[45] Krook, M. L., y O'Brien, D. Z. (2010), «The Politics of Group Representation: Quotas for Women and Minorities Worldwide», *Comparative Politics*, 42(3), pp. 253-272; Ferrín, M., Fraile, M., García-Albacete, G. M., y Gómez, R. (2020), «The gender gap in political interest revisited», *International Political Science Review*, 41(4), pp. 473-489.

[46] Aina Gallego (2015), *op. cit.*

[47] Amador Fernández-Savater (2024), *Capitalismo libidinal*, Ned Ediciones, Madrid.

nuestra mirada sobre las instituciones democráticas, ya que desnaturaliza las formas actuales de participación política y de funcionamiento institucional, así como el supuesto rol que el individuo debe desempeñar en ellas. Las nociones dominantes sobre el «deber ser» de la participación política y el rol del ciudadano en el proceso político que todos en un grado variable interiorizamos, están basadas en equilibrios de poder y desarrollos históricos específicos. Estos pueden ser puestos también bajo la lupa del análisis para así señalar de forma certera posibles alternativas respecto a estas evoluciones. Con esta perspectiva, la visión sobre las trasformaciones democráticas necesarias puede tomar nuevos rumbos.

## 5. UNA VISIÓN INTEGRADA PARA ACTIVAR EL MOVIMIENTO DEMOCRÁTICO

El año 2015 fue un año extraño en la política española. Había un clima de elecciones, de movimiento político y cuando hablabas con vecinos y allegados el primer tema podía ser perfectamente la política, lo que estaba pasando, lo que se respiraba que podía pasar. A finales de ese año, en diciembre, hubo elecciones generales en España y un partido nacido el año anterior, Podemos, obtuvo el 20,68 por 100 de los votos y 69 diputados. Tras fracasar las negociaciones para formar gobierno, se volvieron a convocar elecciones que finalmente se celebraron en junio de 2016. En este caso, aunque el resultado fue muy bueno para esta nueva formación, en coalición ya con Izquierda Unida, se perdieron en torno a un millón de votos por el camino que en 2015 votaron a este espacio conjunto a la izquierda del PSOE. Hasta aquí todo parecería normal y podríamos especular acerca de las múltiples causas que estuvieron detrás de esta pérdida de votos. Sin embargo, la anomalía fundamental sucedía en los despachos y las reuniones entre altos mandos de la policía y dirigentes del Partido Popular durante esas fechas.

Casi diez años después, el 10 de julio de 2024, llegaban a la Audiencia Nacional las pruebas documentales de los espionajes sistemáticos que se realizaron contra dirigentes del partido Podemos[48]. Se demostraban cientos de escuchas presuntamente ilegales realizadas a los 69 diputados del partido y sus confluencias entre 2015 y 2016. Esto coincidió con cantidad de periplos judiciales y noticias en prensa acerca de la supuesta corrupción

[48] Véase artículo de *El País* del 10 de julio de 2024 con el título «La "policía patriótica" del PP espió a 69 diputados de Podemos a través de las bases de datos de Interior», https://elpais.com/espana/2024-07-10/la-policia-patriotica-del-pp-espio-a-69-diputados-de-podemos-a-traves-de-las-bases-de-datos-de-interior.html

de algunos de los líderes de la formación morada: problemas con la tributación, cuentas en paraísos fiscales, blanqueo de capitales o delito electoral. Todas estas querellas fueron archivadas, pero en muchos casos la apertura de procedimientos se amparó en informaciones filtradas a los medios de comunicación. Con la documentación sobre el espionaje realizado entre los años 2015 y 2016 , parece quedar demostrado que al menos parte de esas informaciones fueron obtenidas y filtradas por agentes del Estado. Esto es relevante porque muestra como partes del aparato del Estado funcionan para preservar un determinado orden social dentro de unos límites. Estos engranajes del Estado permanecen dormidos en períodos de calma social, pero se activan cuando ven peligrar ciertos equilibrios o acuerdos —en el caso español el acuerdo de la Transición— acerca de las nuevas y viejas élites que van a gobernar el país. Este caso ejemplifica bien cómo funciona una de las fuerzas dinámicas con las que se tienen que enfrentar el movimiento democrático en su avance: el Estado liberal capitalista.

El Estado liberal es un entramado, incluyendo el Estado ampliado[49], que limita el alcance del movimiento democrático. Con todo, el aparato burocrático opera en contra de los impulsos de disolver las barreras entre la sociedad política y la sociedad civil y potenciar el autogobierno. Por un lado, el Estado liberal tiene una relación de dependencia, aunque no totalmente convergente con el sistema de acumulación capitalista. El capitalismo es la forma básica de ordenación de la vida y de nuestras condiciones socioeconómicas, en este caso, a través de una valorización perpetua del capital a partir de trabajo asalariado y de la competición en el mercado. El Estado es una composición histórica de un bloque de poder —una comunidad humana diría Weber— cuyo objetivo es garantizar la soberanía, esto es el poder, en un territorio determinado. En el siglo XXI, cada vez más los complejos estatales se funden con el entramado de grandes compañías del sistema capitalista. Por lo tanto, todo movimiento democrático debe ser ambicioso y estratégico en su relación con el Estado. Esto no supone tener visiones miopes respecto a la destrucción del Estado o la superación de la forma estado, sino ser consciente de la necesidad de crear esferas autónomas de inclusión y participación política ajenas al Estado. La historia de los movimientos de masas democráticos del siglo XX nos da pistas en este sentido, algunas de ellas acerca de las cautelas que siempre deben estar presentes en las grandes organizaciones de masas (véase el debate en torno a Michels en el capítulo 2).

Por lo tanto, pensar la complejidad del Estado y sus mediaciones (en este caso los partidos) en relación al movimiento democrático es uno de

[49] Antonio Gramsci (1972: 151-161), *Notas sobre Maquiavelo, sobre la política y sobre el Estado moderno*, Ediciones Nueva Visión, Buenos Aires.

los imperativos para esclarecer las instancias de paralización actuales. Si bien el Estado no se puede entender de forma simple como un árbitro neutral de la contienda política, tampoco se le puede entender como una simple instancia pasiva que refleja la lucha entre clases sociales. Una perspectiva alternativa deberá afirmar, por un lado, la selectividad de los poderes y agentes del Estado como organización que opera en el marco de intereses de una sociedad capitalista y en la que su objetivo último es mantener el *statu quo*. Por otro lado, se debe tener en cuenta que la mera acentuación del conflicto político, de la polarización social democratizadora, no tiene por qué traducirse de forma mecánica en un cambio democratizador en el Estado.

Ejemplos de esto hay muchos, como la experiencia de la Unidad Popular en Chile (1970-1973) o los fracasos últimos de la actividad dentro del Estado de los partidos llamados de la «nueva izquierda» o «izquierda populista»[50]. La reflexión tiene que ampliarse, por lo tanto, para dar cuenta de qué tipo de máquinas organizativas o partidos deben servir como mediadores nuevos para intervenir en el sistema organizador y burocrático del Estado. Los partidos deben pensar activamente su relación con el Estado, evitando una consideración de neutralidad en su relación con el mismo, pero al mismo tiempo rechazando posiciones que desprecian al Estado buscando un empuje repentino y súbito únicamente por parte de la lucha de clases. Las fases de expansión más claras del movimiento democrático no dependieron únicamente de la movilización social, sino, sobre todo, de la transformación revolucionaria de la institucionalidad y las organizaciones sociales. La irrupción de los partidos de masas y su potencia democrática no dependió exclusivamente del apoyo popular y la lucha de clases, sino de la innovación popular para imaginar arreglos institucionales diferentes que recondujeran la reproducción de la vida social por derroteros distintos a los de las sociedades capitalistas.

Hablar de movimiento, más bien de movimientos, no quiere decir, en este caso al menos, apelar a círculos y movimientos minoritarios cerrados sobre sí mismos. Es fácil imaginar por ejemplo, como la política extraparlamentaria de ciertas agrupaciones sirve más como «encuentro entre iguales» que como «movilización de muchos», lo cual es también un síntoma del mundo en el que vivimos. Aunque no sea malo para nada encontrarse entre iguales lo que sí que cercena la movilización política es el cierre, cuando el objetivo principal es seguir siendo iguales: seguir siendo obreros, seguir siendo antifascistas, seguir siendo mujeres, seguir siendo *pun-*

[50] Véase el acertado análisis de Martín Mosquera a este respecto en Jacobin, «Luces y sombras de la "vía democrática" al socialismo», 27 de agosto de 2024, https://jacobinlat.com/2024/08/luces-y-sombras-de-la-via-democratica-al-socialismo-2/

*kies*. Pero tener claro esto no nos debe confundir y hacernos creer que debemos pasar al otro extremo, es decir, que la única vía es utilizar la máquina del Estado sin cuestionarla. Tampoco es acertado entender que existe una relación de péndulo entre los movimientos identitarios y el Estado: es decir, que este es un juego de suma cero en el que solo podemos elegir entre los planteamientos globales del Estado o los particularismos de los movimientos identitarios; y que uno y otro se contraponen. Esta es una confusión que se produce al otorgar al Estado, de un modo muy hegeliano, la única capacidad de apelar a lo universal, de crear un horizonte ético para todos (en este caso todos sería la comunidad política).

Esto es un error político muy grave que la historia que hemos presentado en este libro contradice claramente. La movilización y la radicalización siempre han ido unidas a un alcance político global, universal, a un horizonte ético para todos, creado por todos al calor del movimiento. Y, por otro lado, las agrupaciones pequeñas identitarias y los visionarios estatistas desconectados del movimiento siempre han estado ligados a través de relaciones de dependencia. Lo uno se alimenta de lo otro. El obrerista solo fiel a su identidad necesita a un «visionario Kautsky» que deduce las coyunturas, los movimientos, los momentos clave de la historia, del Estado. El grupo de interés encerrado en sí mismo necesita al reparte-prebendas de turno que maneja los recursos del Estado con mucha soltura. Por lo tanto, en un extremo del péndulo tenemos a un movimiento complejo democrático que establece horizontes y en otro el Estado absorbiendo de forma clientelar toda capacidad de transformación de pequeñas agrupaciones identitarias. El Estado es ineludible, pero la transformación democrática que necesita solo es posible con un horizonte que vaya más allá de él. Al decir que el Estado es ineludible, por lo tanto, lo que se quiere resaltar aquí es que la relación entre movimientos democráticos y Estado es una cuestión estratégica que debe ser abordada como tal. Y, al mismo tiempo, debe formar parte de los debates democráticos que informan la posición de las organizaciones de masas en determinadas coyunturas. Esclarecer la naturaleza del Estado, como hemos intentado hacer un poco más arriba, es uno de los pasos cruciales que todo impulso democrático debe dar como punto de partida.

El capitalismo es otro límite del movimiento democrático ya que expulsa fuera del ámbito de la política la gestión, distribución de recursos y la organización de la vida propiamente. Hoy en día el capitalismo de plataformas es central para organizar la vida socioeconómica de los ciudadanos y el movimiento democrático debe pensarse como una forma dinámica que atraviesa esta máquina del capitalismo de plataformas. La atraviesa y al mismo tiempo plantea nuevas fórmulas para organizar este ecosistema de vida. El paradigma de la plataforma, como explicamos en el capítulo anterior, nos propone, o más bien nos impone, un amplio espacio con una inmensa capacidad de elección a nivel individual. La plataforma es el sitio no solo donde uno se entretiene, sino donde se forma una identidad y también se prepara para venderse y obtener rentabilidad en el mercado. Estas tres cosas están inextricablemente ligadas en el paradigma de la plataforma. Antes de la totalización mediática —especialmente en su última fase de digitalización— uno se vendía en el mercado laboral pero no era necesario que su identidad y su ocio estuvieran ligados a esta condición laboral. Hoy en día es raro poder diferenciar los tres ámbitos lo que confunde aún más nuestra capacidad para gestionar el tiempo y facilita la producción ideológica de identidades que facilitan el negocio. El capitalismo de plataformas avanza diametralmente opuesto al movimiento democrático que como hemos dicho es un movimiento para incluir en el demos a los sectores excluidos a partir de los cierres del Estado y el mercado[51] y para vincular a los individuos a nivel comunitario.

## 6. PERO, ¿ CÓMO SE ARTICULAN EN CONCRETO LOS GRUPOS SOCIALES?

En cuanto a su articulación más concreta, el movimiento democrático solo puede avanzar tejiendo hilos entre la oferta y la demanda política. En este punto del libro ya es posible intuir que la oferta —como representación política separada de la sociedad civil— y la demanda —como forma de expresión individualizada de preferencias políticas— deben entenderse como formaciones históricas más que categorías ahistóricas de análisis. Esta separación entre oferta y demanda política muy propia de la ciencia política naturaliza una operación política de separación, por un lado, de las formas de representación política y, por otro lado, de contención de las formas de expresión/participación política —abocadas a demandar, a responder, a reaccionar a una oferta—. Como se ha adelantado en algunas partes de este libro, es necesario problematizar esta separación y elevar un poco el nivel de análisis si queremos entender de manera profunda los retos actuales de la democracia.

El movimiento democrático debe pensarse en los hilos que entretejen la oferta y la demanda. Elevar el foco de análisis nos permite percibir cuáles son los hilos que se rompen al separar oferta y demanda en el proceso político y cómo esos hilos pueden ser clave para impulsar el

---

[51] Véase Stephan Lessenich (2022: 93), *Límites de la democracia; La participación como problema de reparto: La participacion como un problema de distribución*, Herder Editorial, Barcelona.

movimiento democrático. Al menos dos hilos hemos adivinado que pueden suturar esa fractura que recluye a la comunidad política en un reducido espacio y la deja sin herramientas. En primer lugar, el proceso de integración del individuo en agrupaciones y asociaciones colectivas que se hacen cargo de los recursos, las condiciones de vida y la identidad (reconocimiento) de sus integrantes. En segundo lugar, que haya canales de incorporación fluida y regular de las personas comunes a los cuerpos de representación, administración y gestión públicas. A distintos niveles, esto puede darse en la judicatura, o en las instancias legislativas.

Respecto al primer hilo, como bien señala E. P. Thompson, los orígenes del movimiento obrero democrático se encuentran en las formas de asociacionismo que servían —con sociedades de socorros mutuos— para hacerse cargo de la interdependencia y las condiciones materiales de aquellas personas y grupos desplazados por el capital. El capital, muy integrado en el Estado y las formas estatales transnacionales, sigue desplazando a grandes grupos de la población como se ha señalado antes. Pero para entender qué sujetos, sobre todo, tienen potencial para agruparse a partir de sus condiciones materiales, su vulnerabilidad y su interdependencia, tenemos que volver a la idea de democracia limitada planteada por Lessenich[52], e introducida en el capítulo primero. Hoy en día, en la tercera década del siglo XXI, todavía vivimos sobre los restos de un compromiso de clases que se fraguó después de la Segunda Guerra Mundial sobre todo en Europa y Estados Unidos. Esto hace que, aunque en las democracias avanzadas occidentales haya bolsas de pobreza y exclusión[53], estas todavía estén sostenidas precariamente por distintos mecanismos que cohesionan la sociedad civil: un Estado de bienestar y unos servicios sociales mermados pero que siguen funcionando o un sistema rentista de propiedad inmobiliaria que complementa en muchos casos salarios contenidos[54].

En estas condiciones, los sectores donde más se exprime y se priva de horizonte vital a la fuerza laboral se localizan en el sur global, así como en poblaciones migrantes, y en general en un porcentaje de la población que, aunque no es mayoritario, vive en el subempleo en las democracias avanzadas. Por otro lado, en estas democracias existe una clase media todavía amplia asentada sobre condiciones materiales que garantizan un

---

[52] *Ibid.*

[53] España es el país de la UE con mayor pobreza infantil según el último informe de UNICEF. Véase el artículo de Agencia EFE del 19 de febrero de 2024 «España es el país de la UE con mayor pobreza infantil»: https://shorturl.at/RSYEw

[54] Emmanuel Rodríguez López (2022: 129-148), *El efecto clase media. Crítica y crisis de la paz social*, Traficantes de Sueños, Madrid.

cierto horizonte vital a nivel socioeconómico[55]. En relación con esto, el movimiento 15-M en 2011 no fue principalmente un movimiento que exigiese salarios mejores o que se acabase con la pobreza. Fue un movimiento muy centrado en la justicia intergeneracional, que reivindicaba que el horizonte se mantuviese abierto para los hijos de la generación de la transición. También se pedía que se gestionase mejor la crisis y que la corrupción escandalosa terminase. Las demandas económicas, promovidas por las clases medias dirigentes en ese movimiento, consistían sobre todo en una mejor redistribución y posibilidades de desarrollo económico para los jóvenes. Obviamente esto es simplificar el 15-M ya que había grupos que querían «cambiarlo todo» pero aquí me refiero solamente a las demandas del movimiento apoyadas por una gran mayoría en determinadas encuestas de opinión[56].

Es por ello que, aparte de una nueva «revolución moral» de las clases medias, es decir, otro 15-M, el movimiento democrático también necesita una revolución material de las clases proletarizadas y que las dos se puedan mirar a la cara. En el libro *Algorithms of Resistance* se muestra en varias investigaciones cómo hay formas embrionarias de organización autónoma en el contexto de la economía de las plataformas. Son formas concretas de hacer avanzar el movimiento democrático contra el capitalismo de plataformas resistiendo al algoritmo. Al algoritmo que premia a los trabajadores que no fallan nunca y castiga a los que no están disponibles 24/7, que hace que los memes y el contenido más violento sea viral, que desplaza a aquellos sectores tradicionalmente excluidos. Por ejemplo, los Raiders en Indonesia (Yakarta) han creado algo parecido a asociaciones de ayuda mutua —las llamadas Casa de los Raiders— para que los trabajadores puedan reposar, tener refrigerio, informarse[57]. Del mismo modo que este tipo de organizaciones autónomas de los trabajadores tienen que tener una dimensión global —siendo este el modo en que el capitalismo se expande— también deben tener un correlato a nivel nacional. Es decir, las poblaciones no integradas en los sistemas de democracias avanzadas occidentales tienden a autoorganizarse y ser apoyadas por las clases medias en la reclamación de sus comunidades políticas propias y sus derechos laborales y de ciudadanía. Aquellos sectores

[55] *Ibid.*

[56] Véase el artículo de Europa Press del 6 de junio del 2011 «El 15M tiene el apoyo de más del 80% de los ciudadanos, sobre todo entre la izquierda, pero un 60% cree que no triunfará»: https://shorturl.at/XsKVl

[57] Tiziano Bonini y Emiliano Treré (2024: 173), *Algorithms of Resistance. The Everyday Fight against Platform Power*, The MIT Press, Cambridge, Massachusetts: véase también James Muldoon (2022), *Platform socialism: How to reclaim our digital future from big tech*, Pluto Press, London.

subempleados en la agricultura, las labores de cuidados, la hostelería o el comercio, muchas veces con una fuerte demarcación de origen o de género, deben servir como sectores punteros en el avance democrático. De hecho, para dar profundidad y alcance a las «reformas» que son necesarias para la expansión de la democracia, estos sectores deben estar a la cabeza y la «revolución moral de las clases medias» debe servir de apoyo. Esto es lo que no pudo darse en el saludable movimiento 15-M.

Tejer el segundo hilo del movimiento democrático implica poner en marcha las prácticas de inclusión y circulación fluida de la representación política para diluir el actual sistema de representación cerrado y tendencialmente oligárquico. En este libro, se ha identificado este hilo rastreando en la historia del desbordamiento democrático de los partidos políticos. Más recientemente, experiencias como el ciclo de ascenso y caída de la nueva izquierda o izquierda populista tras la crisis financiera de 2008, refuerzan la idea de que es un error menospreciar la democracia y encumbrarse en una especie de leninismo-gramsciano mal entendido. Las labores y los efectos antropológicos de la democracia deben tener lugar desde el principio de cualquier avance del movimiento democrático. Revitalizar la «cara muerta»[58] de los partidos, del «partido sobre el terreno», sería un primer paso para activar el movimiento democrático. Siguiendo a Moreno Pestaña[59], las organizaciones políticas mediadoras y las instancias de representación deben introducir principios claros y mecanismos que bloqueen las tendencias oligárquicas. En tres dimensiones fundamentales. En primer lugar, respecto a la dimensión del liderazgo político, la democracia siempre genera más costes de transacción que la decisión de un líder aparentemente virtuoso[60]. Sin embargo, esto puede tornarse en contra cuando los costes sociales de un excesivo poder otorgado a un líder —tanto en funciones de representación como de gobierno— tienen consecuencias nefastas para la comunidad política. Por ello, siempre es preferible aumentar un poco los costes de transacción —que a su vez tienen efectos positivos en la

---

[58] Siguiendo el símil de Mair acerca de las tres caras de los partidos políticos que explicamos en el segundo capítulo, el cambio de los partidos políticos con el declive de los partidos de masas consistió en una primacía el partido en el Parlamento (*party in public office*), y el partido en su estructura ejecutiva nacional (*party in central office*) sobre el partido sobre el terreno (*party on the ground*). Véase Richard S. Katz y Peter Mair (2014: 349-350), «The Evolution of Party Organizations in Europe: The three Faces of Party Organizations», en *On parties, party systems and democracy: selected writings of Peter Mair*, editado por Ingrid van Biezen, ECPR Press, Essex, pp. 349-370.

[59] Jose Luis Moreno Pestaña (2021), *Los pocos y los mejores. Localización y crítica del fetichismo* político, Akal, Madrid.

[60] *Ibid.*, pp. 21-23.

conformación de prácticas democráticas— antes que subestimar los costes sociales del hiperliderazgo, y que este acabe definitivamente con el impulso democrático. Los costosos procesos deliberativos ampliados de decisión deben ser un elemento clave de la articulación democrática, aunque como se ha explicado en este capítulo deben ser articulados con otras dimensiones prácticas de movilización ciudadana y autoorganización.

La segunda dimensión se refiere al papel de los técnicos y los expertos. Es preciso partir de la base de que necesitamos conocimiento experto, aun sabiendo que esta afirmación viene frecuentemente envuelta en prejuicios acerca de la imposibilidad de que las personas comunes procesen y gestionen conocimiento político. Los grandes avances tecnológicos, y los conocimientos expertos que tienen la capacidad de sintetizar y extraer conclusiones específicas en un campo concreto son necesarios. Sin embargo, deben ser debidamente compensados e integrados en formas de conocimiento político democráticas. Para ello se deben introducir principios y prácticas democráticas que desmonten o limiten las tendencias tecnocráticas. Por un lado, es posible introducir conocimientos políticos complejos en nuestra biografía educativa y laboral y, por otro, los conocimientos cotidianos más básicos pueden adquirirse con la práctica —aquellos relacionados con la cotidianidad del campo político—[61].

La tercera dimensión que ayuda a comprender posibles maneras de tejer el segundo hilo que activa los movimientos democráticos, tiene que ver con la inclusión/exclusión de profesionales en el campo político. El capital educativo, económico y social son claves para facilitar el acceso a grupos de poder en funciones de representación política o de gobierno. Además, relacionado con esto, también hay «efectos de lugar» que explican porque, por ejemplo, las élites de un partido político en un momento dado pertenecen a un entorno madrileño muy preciso[62]. Por lo tanto, es necesario disponer de mecanismos que cortocircuiten esta forma actual de articulación de las élites políticas. En esta línea, se han evaluado los posibles efectos positivos de mecanismos de sorteo y rotaciones que reduzcan la separación entre el grupo de representantes y el conjunto de los ciudadanos[63]. Este tipo de medidas tiene como objeto revertir un clima en el que reina una subjetividad política paralizada ante las grandes

[61] *Ibid.*, p. 25.

[62] *Ibid.*, pp. 28-29.

[63] *Ibid.*, p. 31; véase también Ernesto Ganuza y Hedwig Marzolf (2024), «¿Democracia sin demos? La utopía (sin política) en las sociedades complejas», *Las Torres de Lucca: revista internacional de filosofía política*, vol. 13, n.º 2, pp. 83-92.

dificultades para discernir cuáles son los asuntos comunes de interés para la discusión colectiva. Una «cancelación del futuro»[64] que dificulta mucho los procesos democráticos de debate y decisión sobre los asuntos comunes. En palabras de Moreno Pestaña estas tres precauciones y los mecanismos compensatorios de inclusión ciudadana producen un efecto positivo en cadena que se expresa de la siguiente manera: «la eclosión de capacidades intelectuales, la extensión de la libido política hacia las zonas donde abunda la desidia socialmente inducida, y la creación de pasiones militantes no sectarias diseminan y refuerzan la experiencia creadora de la democracia»[65].

## 7. «QUIERO SER, QUIERO SER LIBRE»

Los veranos en las zonas rurales de Segovia son muy calurosos, aunque las noches ofrecen una merecida recompensa. Desde muy pequeño, todos los veranos, escapábamos a una pequeña charca formada a partir de un manantial. Había costumbre entre los vecinos de la zona de ir allí a refrescarse. Como ha ocurrido con muchos otros lugares, las redes de comunicación digitales y la proliferación de contenido relacionado con formas de vida, naturaleza, y viajes ha hecho que un lugar tradicionalmente tranquilo haya pasado a estar saturado en los últimos años. Cada vez más gente acude después de buscar en internet y encontrar múltiples blogs o vídeos de *Tik Tok* describiendo las maravillas del agua cristalina y sus propiedades que encontramos en este manantial. La última vez que lo visité, mientras tomaba el sol después de un chapuzón, una señora y un señor comentaban los problemas asociados a la masificación del entorno. Ella decía, un poco agobiada por el poco sitio que quedaba para sentarse y probablemente comparándolo con otros tiempos más tranquilos: «Pues la verdad que sería muy bueno que privatizaran esto» El señor no reaccionó demasiado convencido y quiso precisar o reorientar la sugerencia de su amiga o familiar: «¿Privatizarlo? No, más bien regularlo, regularlo sí».

Lo cierto es que cada vez venía más gente, el agua iba tomando cada vez un color más pantanoso por las cremas y el espacio se quedaba pequeño. También había un problema de suciedad y gestión de residuos, así como de aparcamiento. Las palabras de estas dos personas ilustran muy bien la sociedad paralizada en la que vivimos, con poca libertad. Esta piscina natural-manantial es un lugar, un entorno comunal, con el que se han relacionado a lo largo de los años trabajadores y vecinos de la

[64] Franco Berardi Bifo (2011: 13), *After the Future*, AK Press, Edinburgh.

[65] Jose Luis Moreno Pestaña, *op. cit.*, p. 34.

zona para distintos usos recreativos, de pesca, etc. El lugar tiene mucho valor para les gentes que viven en los alrededores. Curiosamente, y como ha ocurrido en muchos otros entornos que formaron tradicionalmente parte del común, no parece que seamos capaces, en el momento en que tenemos más medios de comunicación a disposición, de ponernos de acuerdo para cuidar y mantener de forma sostenible un entorno comunal. Cada individuo o cada unidad familiar accede a ese entorno de piscina-manantial como consumidor. Sin embargo, no sabemos cómo hacernos cargo del conjunto de condiciones materiales que permiten la sostenibilidad del *continuum* naturaleza-sociedad.

Por eso, los dilemas de la paralización y la necesidad de tejer hilos entre la oferta y la demanda también deben ser explorados al nivel del individuo, de cómo el sujeto experimenta su vida, e interpreta a través de determinadas categorías y conceptos el lugar de la política en ella. La antropología neoliberal dominante hoy en día[66], nos imagina como sujetos dispersos e independientes que se realizan a partir de una noción de libertad estrecha, definida como capacidad de elección. La campaña que encumbró definitivamente a Isabel Díaz Ayuso como presidenta de la Comunidad de Madrid en 2021 y figura nacional del Partido Popular estuvo basada en la idea de libertad, contrapuesta a la de socialismo y comunismo. Una libertad que se expresó en algunos casos de forma bizarra, sobre todo en la época de las restricciones por la pandemia del COVID en 2020, como una libertad para poder «ir de cañas». Sin duda, una de las necesidades básicas del movimiento democrático es habilitar un concepto de libertad distinto, que emocione igual, pero lleve a la capacitación colectiva para la acción. Sobra decir que, para esto, hacen falta muchas más cosas que formular en un libro las concepciones alternativas de libertad que beben de la tradición republicana.

Sí que es necesario sin embargo destacar que la libertad como forma de realización y extensión del individuo es transformadora y potente, imprescindible para cualquier tipo de avance democrático. Una libertad que no es la libertad de elección entre diversas opciones, sino la libertad de agencia. Para poder desarrollar esa libertad de agencia debo ser libre del miedo, de la necesidad, de los prejuicios, de la manipulación, de la opresión[67]. Y aquí de nuevo los hilos que unen la demanda con la oferta y las disuelven en último término nos tiene que permitir enfrentar la

---

[66] Véase Amador Fernández-Savater, *op. cit.*

[67] Lea Ypi (2020: 278), «Democratic dictatorship: Political legitimacy in Marxist perspective», *Eur J Philos*, 28, pp. 277-291. https://doi.org/10.1111/ejop.12500; véase también la distinción entre tres tipos de libertad que realiza Orlando Patterson en su libro de 1991, *Freedom in the Making of Western Culture*, Basic Books.

libertad individual con las dos fuerzas que paralizan el movimiento democrático: el Estado liberal y el capitalismo. Porque siguiendo a Marx «la libertad consiste en convertir al Estado de órgano que está por encima de la sociedad en un órgano completamente subordinado a ella, y las formas de Estado siguen siendo hoy más o menos libres en la medida en que limitan la "libertad del Estado"»[68]. Sin ser una de las citas más esclarecedoras de Marx, lo que pretende indicar es que la libertad tiene precondiciones claras, y que es incompatible con dos fuerzas dinámicas de exclusión y sometimiento: el Estado liberal y el capitalismo. Y parece adivinarse aquí también que esta incompatibilidad se da a no ser que estas dos fuerzas estén bien domesticadas. Creo que a lo largo de este libro he dado suficientes ejemplos de que tenemos un problema de libertad que deberíamos atender, pero de libertad de agencia, no de libertad de elección. Sin duda tenemos muchísimas cosas para elegir y siempre que tengamos dinero podremos gozar de esa libertad de elección). Pero ¿tenemos libertad de agencia para identificar, cuestionar, rechazar y promover decisiones colectivas sobre los asuntos comunes de mayor importancia? Planteándolo en los términos del filósofo Martin Hägglund[69], ¿estamos siendo capaces de ordenar y administrar nuestro tiempo? Digamos que hay mucho camino que andar en este sentido.

Cuando la sociedad está paralizada para resolver algo tan básico como gestionar entre todos y disponer unas normas de sostenibilidad de los entornos naturales surgen dos posibles salidas: la solución número uno es privatizar, como proponía la señora citada un poco más arriba, dejar que una compañía se apropie de este entorno comunal para extraer beneficio de él, con la promesa de que sabrá regular los flujos de personas que acceden al entorno. No es necesario hacer notar aquí que cualquier compañía privada que acceda a gestionar este espacio deberá asegurar cierta rentabilidad de la empresa, como condición básica de cualquier proyecto empresarial que puje en el mercado con competidores. Por lo tanto, es posible que intenté exprimir al máximo el potencial que da este entorno para atraer clientes y general beneficios con los costes de degradación medioambiental que eso puede suponer.

La segunda solución que propone el señor arriba citado es que lo regule el Estado. En este caso también se extraen ciertos beneficios económicos que se supone que pueden revertir en la región o el municipio pero los límites respecto a la explotación del lugar serán más estrictos.

---

[68] Véase Carlos Marx (1977 [1875]: 18), *Crítica del Programa de Gotha*, Editorial Progreso, Moscú.

[69] Martin Hägglund (2022), *Esta vida. Por qué la religión y el capitalismo no nos hacen libres*, Capitán Swing.

Tanto la primera (mercado) como la segunda solución (Estado) nos hablan de los límites de nuestra libertad y de cómo a veces la libertad de elección desatada afecta negativamente a la libertad de agencia. El hecho de que no haya límites aparentes a nuestra libertad de elección perjudica claramente nuestra capacidad para encontrar el sosiego y el tiempo necesario. Ese tiempo y esa tranquilidad son imprescindibles para pensar cómo relacionarnos con nuestro entorno, dejar espacios sin ocupar y gestionar colectivamente nuestras relaciones sociales. En definitiva, Hägglund está en lo cierto cuando plantea que a día de hoy la lucha política fundamental es la lucha por el tiempo y en torno a la libertad, frente a los dictados de la máquina Estado-mercado.